Mix Genuss

Alles NUDEL oder was?!

Allgemeine Infos

ONE-POT-PASTA NUDELSORTEN

Bei der One-Pot-Pasta werden die Nudeln und die Sauce zusammen im Mixtopf gekocht.

Nicht alle Nudeln sind für die Zubereitung als One-Pot-Pasta geeignet. Achten Sie auf Nudel-Hersteller und Kochzeit, diese stehen in jedem Rezept mit dabei. Mit den angegebenen Nudelsorten erzielen Sie das beste Ergebnis.

FRISCHE NUDELN

Wenn Sie selbst gemachte, frische Pasta verwenden ist die Kochzeit viel kürzer als bei gekauften Nudeln. Je nachdem wie lange die Trocknungszeit der Pasta ist verändert sich die Kochzeit.:

Keine Trocknungszeit: 1-2 Min.
15-30 Min. Trocknungszeit: 3-5 Min.
über 30 Min. Trocknungszeit: max, 10 Min.

NUDELN KOCHEN IM THERMOMIX

Der Mixtopf ist ideal um die Pasta darin zu kochen:

1.600 g Wasser, 1 TL Salz und 1 EL Öl in den Mixtopf geben, ca. **10-12 Min./Varoma/Stufe 1** aufkochen bis es sprudelnd kocht. 350-500 g Nudeln zugeben. Garzeit der Nudeln (+ 1 Min.) einstellen und diese dann **90-100°C/ /Stufe 1** gar kochen.

SPAGHETTI IM MIXTOPF KOCHEN

Wenn Sie Spaghetti imThermomix kochen, geben Sie diese durch die Mixtopfdeckelöffnung zu.
Es ist normal, dass die Nudeln anfangs aus der Mixtopfdeckelöffnung herausragen. Erst wenn Sie weich werden, verschwinden Sie nach und nach im Mixtopf.
Bei der Garzeit deshalb ggf. 1-2 Min. zugeben.

Rezeptübersicht

Selbstgemachte Gnocchi 6

PASTASAUCEN

Makkaroni al Pomodoro 8
Penne con Pollo mit Rucola 10
Rucola-Farfalle in Paprikarahm 12
Spaghetti al Gorgonzola 14
Grüne Orecchiette mit
Spargel & Bärlauch 16
Ricotta-Tortellini in Kürbis-Salbei-Sauce.....18
Tomaten-Pasta mit Hackbällchen 20
Makkaroni mit Linsensauce 22
Harissa-Pasta mit Hirtenkäse 24
Klassische Spaghetti Bolognese 26
Spargelpasta in
Weißwein-Frischkäse-Sauce 28
Pasta al Caesar 30
Bavette con Gorgonzola e noci 32
Kräuter-Gnocchi mit Paprikasalsa 34
Spaghetti Bolognese Bacon-Style 36
Pfifferling-Gobbetti
mit Hähnchenbrustfilet 38
Tortellini con Spinaci 40
Scharfe Spaghetti mit Rinderfiletstreifen 42
Pasta Verdura mit Rindersteakstreifen 44
Scampi-Pasta mit grünem Spargel 46

ONE-POT-PASTA

Krabben-Sekt-Rigate 48
One-Pot-Spaghetti aglio e olio 50
Chili-Cheese-Makkaroni 52
One-Pot-Gobetti in Erdnuss-Sauce 54
One-Pot-Pasta "Greek-Style" 56
One-Pot-Gemelli al Salmone 58
Pasta Seaside mit cremiger Sauce.............60
One-Pot-Bolognese mit Fusilli 62

PESTO'S

Thymian-Mandel-Pesto 64
Grillgemüse-Pesto 65
Genovese Pesto 66
Pfifferling Pesto 67
Rote Linsen Pesto 68
Pesto Rosso 69
Spinat-Walnuss-Pesto 70
Rote Beete Pesto 71
Avocado Pesto 72
Bärlauch Pesto 73

Seite 10

Seite 22

NUDELAUFLÄUFE

Cannelloni mit Spargelfüllung 74
Kürbislasagne mit Champignons 76
Makkaroniauflauf mit Schinken 78
Cabanossi-Auflauf mit Makkaroni 80
Muschelnudeln mit Auberginen-Füllung 82
Hörnchennudeln mit Ricotta-Füllung...........84
Tortelliniauflauf mit Blauschimmelkäse 86
Spirelli mit Jägerbolognese 88
Klassische Lasagne 90
Rigatoni al Forno 92
Mediterraner Garnelen-Auflauf 94
Überbackene Tortiglioni mit
Spinat & Bacon...96
Gnocchiauflauf al Tonno 98

Seite 28

Seite 34 Seite 54

NUDELSUPPEN

Hähnchen-Thai-Suppe 100
Tomatensuppe mit
Tortellini & Basilikumsahne 102
Gemüse-Nudeltopf mit Wiener 104

Umschlag:
Nudelteig & Füllungen 109

Seite 69 Seite 74

Seite 92

Seite 100

Pro Portion: 283 kcal | 52 g KH | 10 g EW | 3 g Fett

Selbstgemachte GNOCCHI

FÜR 4 PORTIONEN

- 500 g gekochte Pellkartoffeln vom Vortag, mehlig
- ca. 180 g Mehl
- 2 Eier (Gr. M)
- 1 ½ TL Salz
- etwas Pfeffer, frisch gem.
- etwas Muskatnuss, frisch gerieben

ZUBEREITUNG

1. Am Vortag die Kartoffeln waschen, kochen und pellen. Die gekochten Kartoffeln können auch zwei Tage alt sein.

2. Alle Zutaten in den Mixtopf geben und **20 Sek./Stufe 4** zu einem Teig kneten. Je nach Feuchtigkeit der Kartoffeln benötigt man mehr oder weniger Mehl.

3. Den leicht klebrigen Teig auf eine bemehlte Arbeitsfläche geben und Rollen formen (ø ca. 2 cm). Mit dem Spatel kleine Gnocchi abstechen und von einer Seite leicht mit der Gabel eindrücken.

4. Gnocchi in kochendem Salzwasser garen, bis sie an die Wasseroberfläche aufsteigen.

MAKKARONI
al Pomodoro

4 PORT.

Pro Portion: 591 kcal | 96 g KH | 20 g EW | 12 g Fett

FÜR 4 PORTIONEN

2 EL	frische Rosmarinnadeln
4	Knoblauchzehen
2 EL	Olivenöl
2 Dosen	stückige Tomaten (á 400g)
1-1½ TL	Salz
etwas	Pfeffer, gem.
50 g	Wasser, lauwarm
500 g	lange Makkaroni
30 g	Parmesan

ZUBEREITUNG

1 Rosmarinnadeln mit dem Knoblauch zusammen in den Mixtopf geben und **5 Sek./Stufe 6** zerkleinern. Mit dem Spatel vom Mixtopfrand nach unten schieben.

2 Olivenöl in den Mixtopf zugeben und **1:30 Min./120°C/Stufe 1** erhitzen.

3 Tomaten, Salz, Pfeffer und Wasser hinzugeben. **12 Min./95°C/Stufe 1** köcheln lassen.

4 In der Zwischenzeit Makkaroni in reichlich Salzwasser nach Packungsanweisung kochen und abgießen. Die Pasta mit der Sauce vermengen und mit frischem gehobelten Parmesan bestreut servieren.

TIPP:

Wenn Sie das Gericht mit frischen Tomaten zubereiten möchten, können Sie im Schritt 3 900 g frische (in Würfel geschnittene) Tomaten und 70 g Tomatenmark zugeben. Das Ganze aber dann **30 Min./100°C/Stufe 1** kochen lassen. Dabei den Messbecher nicht in das Deckelloch einsetzen, sondern den Gareinsatz als Spritzschutz oben auf den Deckel stellen.

PENNE CON POLLO

mit Rucola

4 PORT.

Pro Portion: 816 kcal | 87 g KH | 45 g EW | 31 g Fett

FÜR 4 PORTIONEN

100 g	Parmesan, in Stücken
2	Knoblauchzehen
3	Rosmarinzweige, Nadeln davon
2	Frühlingszwiebeln
20 g	Olivenöl
50 g	Honig
400 g	Hähnchenbrustfilet, in Streifen geschnitten
400 g	Penne
4 EL	Butter
250 g	Cocktailtomaten, halbiert
100 g	Rucola

ZUBEREITUNG

1 Parmesan im Mixtopf **8 Sek./Stufe 7** reiben. Umfüllen.

2 Knoblauch und Rosmarinnadeln **8 Sek./Stufe 8** zerkleinern. Frühlingszwiebeln in Ringe schneiden, mit dem Olivenöl zugeben und **2 Min./120°C/Stufe 1** dünsten. Honig dazugeben und **1:30 Min./50°C/Stufe 2** erwärmen. Fleisch zugeben und **30 Sek./ /Stufe 1** vermengen.

3 Nudeln nach Packungsanweisung in reichlich Salzwasser garen. In der Zwischenzeit Butter in einer Pfanne zerlassen. Mariniertes Fleisch und Tomaten darin anbraten. Zum Ende der Garzeit Rucola und Parmesan zugeben und mit den Nudeln vermengt servieren.

Rucola-Farfalle in Paprikarahm

4 Port.

Pro Portion: 648 kcal | 89 g KH | 18 g EW | 22 g Fett

FÜR 4 PORTIONEN

5	rote Paprika
60 g	Rucola
50 g	Pinienkerne
400 g	Farfalle
2	Knoblauchzehen
40 g	Zwiebel, halbiert
2 EL	Olivenöl
150 g	Crème fraîche
40 g	Milch, 1,5%
1–1½ TL	Salz
etwas	Pfeffer, gem.
etwas	Parmesan, ger.

ZUBEREITUNG

1 Paprika waschen, entkernen und auf ein mit Backpapier ausgelegtes Backblech legen. Paprika für ca. 30 Min. im vorgeheizten Backofen bei 200°C Ober-/Unterhitze rösten. Anschließend in ein luftdichtes Gefäß geben und ca. 20 Min. abkühlen lassen. In der Zwischenzeit Rucola waschen und trocken schütteln. Pinienkerne in einer beschichteten Pfanne ohne Fett rösten.

2 Farfalle nach Packungsanweisung in reichlich Salzwasser kochen. In der Zwischenzeit Knoblauch und Zwiebel im Mixtopf **5 Sek./Stufe 5** zerkleinern. Mit dem Spatel vom Mixtopfrand nach unten schieben. Olivenöl zugeben und **2 Min./120°C/Stufe 1** dünsten.

3 Die Haut von der Paprika entfernen. Paprikafleisch zusammen mit Crème fraîche, Milch, Salz und etwas Pfeffer in den Mixtopf geben und **10 Sek./Stufe 7** pürieren. Ggf. noch einmal abschmecken.

4 Nudeln mit Paprikarahm, Rucola und Pinienkernen vermischen. Wer möchte, kann noch etwas Parmesan darüber streuen.

SPAGHETTI al Gorgonzola

4 PORT.

MIT TOMATENWÜRFEL

Pro Portion: 756 kcal | 98 g KH | 26 g EW | 28 g Fett

FÜR 4 PORTIONEN

- 500 g Spaghetti
- 125 g Gorgonzola
- 100 g Milch, 1,5%
- 200 g Sahne
- 1 EL Speisestärke
- ½-1 TL Salz
- 4 reife Tomaten
- 2 Handvoll Basilikumblätter
- etwas Pfeffer, frisch gem.

ZUBEREITUNG

1 Spaghetti in reichlich Salzwasser nach Packungsanweisung garen.

2 In der Zwischenzeit Gorgonzola, Milch, Sahne, Speisestärke und Salz in den Mixtopf geben, **3 Sek./Stufe 4** vermengen und **6 Min./100°C/Stufe 1** aufkochen.

3 Tomaten waschen, vierteln und entkernen. Nun in Würfel schneiden.

4 Spaghetti mit der fertigen Sauce, den Tomatenwürfeln und Basilikum vermengen. Mit frisch gemahlenem Pfeffer bestreut servieren.

TIPP
Sie können die Pasta noch mit gehackten Nüssen oder gerösteten Pinienkernen verfeinern.

GRÜNE ORECCHIETTE
mit Spargel & Bärlauch

4 PORT.

Pro Portion: 657 kcal | 77 g KH | 19 g EW | 29 g Fett

FÜR 4 PORTIONEN

100-125 g	Bärlauchpesto (siehe Seite 73)
400 g	Orecchiette
20 g	Pinienkerne
200 g	grünen Thaispargel
2 EL	Olivenöl
etwas	Salz & Pfeffer
200 g	Cocktailtomaten
100 g	Ziegenfrischkäse

ZUBEREITUNG

1 Orecchiette nach Packungsanweisung in reichlich Salzwasser garen.

2 Pinienkerne in einer beschichteten Pfanne fettfrei anrösten und zur Seite stellen. Den Spargel waschen, die Enden entfernen und die Stangen halbieren. Olivenöl in einer Pfanne erhitzen und den Spargel darin ca 5 Min. anbraten. Mit Salz und Pfeffer abschmecken. Zum Schluss noch die gewaschenen Cocktailtomaten kurz mitschmoren lassen.

3 Nudeln mit dem Bärlauchpesto vermischen. Spargel und Tomaten unterheben.

4 Ziegenfrischkäse grob zerkleinern und die Nudeln zusammen mit dem Frischkäse und den Pinienkernen bestreut servieren.

ORECCHIETTE

Alle mal herhören! Orecchiette bedeutet „kleine Öhrchen". In Süditalien werden sie klassisch mit Stängelkohl serviert.

RICOTTA-TORTELLINI in Kürbis-Salbei-Sauce

4 PORT.

Pro Portion: 642 kcal | 71 g KH | 23 g EW | 29 g Fett

FÜR 4 PORTIONEN

60 g	Parmesan
8	Salbeiblätter
1	Zwiebel, halbiert
2	Knoblauchzehen
20 g	Sonnenblumenöl
300 g	Hokkaido-Kürbis, geschält
200 g	Gemüsebrühe, flüssig
750 g	Tortellini mit Ricotta-Spinat-Füllung (Kühltheke)
200 g	Crème Frâiche
1 TL	Salz
etwas	Pfeffer, gem.

ZUBEREITUNG

1 Parmesan in Stücken in den Mixtopf geben und **10 Sek./Stufe 8** reiben. Umfüllen.

2 Salbei, Zwiebel und Knoblauch **5 Sek./Stufe 5** zerkleinern. Öl zugeben und **2 Min./120°C/Stufe 1** dünsten.

3 Kürbis schälen, und in Stücken in den Mixtopf geben. **5 Sek./Stufe 6** zerkleinern, anschließend **4 Min./120°C/Stufe 2** dünsten. Gemüsebrühe zugeben und **8-9 Min./100°C/Stufe 1** aufkochen. In der Zwischenzeit die Tortellini nach Packungsanweisung garen.

4 Restliche Zutaten und den Parmesan zugeben und **2 Min./100°C/Stufe 1** vermengen. Anschließend **20 Sek./Stufe 8** pürieren. Mit den Tortellini servieren.

TIPP

Schmeckt auch lecker mit Gnocchi! Ein Rezept für selbstgemachte Gnocchi finden Sie auf Seite 6/7. Bei diesem Rezept wird der Kürbis geschält, dadurch wird die Sauce feiner. Sie können den Hokkaidokürbis aber auch ungeschält verwenden.

4 Port.

Tomaten-Pasta
mit Hackbällchen

Pro Portion: 770 kcal | 78 g KH | 40 g EW | 32 g Fett

FÜR 4 PORTIONEN

FÜR DIE HACKBÄLLCHEN

50 g	Zwiebel, halbiert
2	Knoblauchzehen
1	Ei (Gr. M)
½	altbackenes Brötchen, eingeweicht, ausgedrückt
1 TL	Oregano, getr.
1 TL	Pizzakräuter, getr.
1 TL	Salz
½ TL	Paprikapulver, edelsüß
etwas	Pfeffer, gem.
500 g	gemischtes Hackfleisch
etwas	Öl zum Anbraten

FÜR DIE TOMATENSPAGHETTI

50 g	Zwiebel, halbiert
2	Knoblauchzehen
20 g	Olivenöl
1 Dose	stückige Tomaten (400 g)
130 g	geröstete Paprika (Glas), in Stücke geschnitten
630 g	Wasser, lauwarm
1½ TL	Salz
2 EL	Pizzakräuter, getr.
½ TL	Paprikapulver, edelsüß
1 TL	Gemüsebrühpulver
350 g	Spaghetti (Kochzeit 9 Min.)
1 Handvoll	Petersilie

ZUBEREITUNG

1 Zwiebel und Knoblauch in den Mixtopf geben und **5 Sek./Stufe 5** zerkleinern. Mit dem Spatel vom Mixtopfrand nach unten schieben. Restliche Zutaten für die Hackbällchen dazugeben und **1 Min./Teigstufe** vermengen. Aus der Masse kleine Hackbällchen formen und auf einen Teller legen.

2 Für die Tomatenspaghetti Zwiebel und Knoblauch im Mixtopf **5 Sek./Stufe 5** zerkleinern. Mit dem Spatel vom Mixtopfrand nach unten schieben. Olivenöl dazugeben und **2 Min./100°C/Stufe 1** andünsten. Stückige Tomaten, geröstete Paprika, Wasser, Gewürze und Brühpulver zugeben und **7 Min./100°C/Stufe 1** aufkochen.

3 Nun den Messbecher abnehmen, den TM auf **15 Min./100°C/ /Sanftrührstufe** einstellen und starten. Dann die Waage aktivieren, die Spaghetti einwiegen und durch die Mixtopföffnung schieben. Immer wieder langsam und vorsichtig nachschieben, bis die Spaghetti im Mixtopf verschwunden sind. Ggf. noch mit dem Spatel nachhelfen.

4 In der Zwischenzeit die Hackbällchen mit etwas Öl in einer Pfanne anbraten.

5 Nach Garzeitende Spaghetti mit den Hackbällchen anrichten und mit frischer Petersilie bestreut servieren.

MAKKARONI
mit Linsensauce

4 PORT.

Pro Portion: 617 kcal | 97 g KH | 26 g EW | 11 g Fett

FÜR 4 PORTIONEN

40 g	Parmesan
400 g	kurze Makkaroni

FÜR DIE SAUCE

3	Frühlingszwiebeln
1	Knoblauchzehe
70 g	Knollensellerie
3	getr. Tomaten, in Öl eingelegt (25 g)
20 g	Olivenöl
120 g	rote Linsen
100 g	Rotwein, trocken*
200 g	Gemüsebrühe, flüssig
2	Lorbeerblätter
1 EL	Balsamicoessig, dunkel
1 Dose	stückige Tomaten (400 g)
1 TL	Salz
1 TL	Zucker
etwas	Pfeffer, gem.

*Alkoholfreie Variante: 85 g Wasser und 1 EL dunklen Balsamico.

ZUBEREITUNG

1. Parmesan im Mixtopf **8 Sek./Stufe 8** reiben. Umfüllen.

2. Für die Sauce Frühlingszwiebeln in feine Ringe schneiden. Knoblauch, Sellerie und getrocknete Tomaten in den Mixtopf geben und **10 Sek./Stufe 7** zerkleinern. Frühlingszwiebeln und Olivenöl zugeben und **3 Min./120°C/Stufe 1** dünsten.

3. Restliche Zutaten (außer Parmesan und Nudeln) zugeben und **20 Min./100°C/ /Stufe 1** garen.

4. In der Zwischenzeit die Makkaroni in reichlich Salzwasser nach Packungsanweisung garen.

5. Nudeln abgießen, mit der Sauce vermengen und mit geriebenem Parmesan bestreut servieren.

ROTE LINSEN

Die Linsen können ohne Einweichzeit sofort verwendet werden und sind somit schneller gegart als viele verwandte Sorten. Sie eignen sich also ideal für die schnelle Küche!

FÜR 4 PORTIONEN

3	rote Paprika (475 g)
1	Rosmarinzweig, Nadeln davon
100 g	Zwiebel, halbiert
20 g	Olivenöl
160 g	Gemüsebrühe, flüssig
25 g	Harissapaste
10 g	Balsamicoessig, hell
etwas	schwarzer Pfeffer, frisch gem.
500 g	Farfalle
150 g	Hirtenkäse
40 g	Walnusskerne

ZUBEREITUNG

1 Paprika entkernen und mit einem Sparschäler die Haut abschälen. In Stücke schneiden und in den Mixtopf geben. Rosmarinnadeln und Zwiebel zugeben und **10 Sek./Stufe 6** zerkleinern. Öl hinzufügen und **7 Min./120°C/Stufe 1** dünsten.

2 Gemüsebrühe, Harissapaste, Balsamicoessig und Pfeffer zugeben und **15 Min./100°C/Stufe 1** ohne Messbecher köcheln lassen. Dabei den Gareinsatz als Spritzschutz oben auf den Mixtopfdeckel stellen.

3 In der Zwischenzeit Nudeln nach Packungsanweisung in reichlich Salzwasser garen. Hirtenkäse mit den Händen zerbröseln und Walnusskerne mit einem Messer grob hacken.

4 Nudeln abgießen und mit der Sauce vermengen. Mit Hirtenkäse und Walnüssen bestreut servieren.

HARISSA-PASTE
selbstgemacht (200 ml):

1	rote Paprika
80 g	rote Chilischoten
4	Knoblauchzehen
4	getr. Tomaten, in Öl eingelegt
1 TL	Kreuzkümmel, gem.
1 TL	Koriander, gem.
1 TL	getr. Minze (aus einem Teebeutel)
40 g	Olivenöl
2 TL	Zitronensaft
1 Msp.	Salz

Backofen auf 230°C Umluft aufheizen. Paprika vierteln, entkernen und mit der Haut nach oben auf ein mit Backpapier ausgelegtes Backblech legen. Für ca. 15 Min. im Ofen rösten, bis sich dunkle Stellen bilden. Nun die Chilischoten zugeben und 10 Min. mitrösten. Es sollten ebenfalls dunkle Verfärbungen auftreten. Das Gemüse danach mit einem feuchten Geschirrtuch abgedeckt ca. 10 Min. ruhen lassen. Die dunklen Stellen entfernen, von den Chilischoten die Stiele entfernen und Kerne herausschaben. Knoblauch und getrocknete Tomaten im Mixtopf **5 Sek./Stufe 6** hacken. Chilis und Paprika zugeben, **5 Sek./Stufe 7** zerkleinern und mit dem Spatel nach unten schieben. Restliche Zutaten zugeben, Gareinsatz einsetzen und das Ganze **20 Sek./Stufe 6** pürieren.

Klassische Spaghetti Bolognese

4 Port.

Pro Portion: 892 kcal | 104 g KH | 43 g EW | 30 g Fett

FÜR 4 PORTIONEN

500 g	Spaghetti
60 g	Karotte, in Stücken
30 g	Zwiebel
3	Knoblauchzehen
30 g	Olivenöl
500 g	Hackfleisch, gemischt
100 g	Rotwein, trocken*
1 Dose	stückige Tomaten (400 g)
100 g	Tomatenmark
100 g	Wasser, lauwarm
4 TL	Oregano, gerebelt
1 TL	Zucker
1½ TL	Salz
etwas	Pfeffer, gem.

alkoholfreie Variante:
85 g flüssige Gemüsebrühe mit
1 EL dunklem Balsamicoessig

ZUBEREITUNG

1 Nudeln in reichlich Salzwasser nach Packungsanweisung garen.

2 In der Zwischenzeit Karotte, Zwiebel und Knoblauch in den Mixtopf geben, **5 Sek./Stufe 5** zerkleinern und mit dem Spatel nach unten schieben. Olivenöl und Hackfleisch (zerrupft) zugeben und **3 Min./100°C/ /Sanftrührstufe** braten. Rotwein dazugeben und noch einmal **4 Min./100°C/ /Sanftrührstufe** köcheln lassen.

3 Nun die restlichen Zutaten für die Sauce dazugeben, mit dem Spatel alles gut vermengen und **15 Min./100°C/ /Sanftrührstufe** köcheln lassen.

4 Spaghetti zusammen mit der Sauce servieren. Wer möchte kann geriebenen Parmesan dazu servieren.

LIEBER MEHR GEMÜSE

Ersetzen Sie einen Teil des Hackfleisches durch mehr Karotten, das reduziert den Kaloriengehalt der Sauce. Sie können auch Erbsen oder Champignons dazugeben und etwas Hackfleisch weglassen!

SPARGELPASTA
in Weißwein-Frischkäse-Sauce
mit Garnelen

4 Port.

Pro Portion: 707 kcal | 77 g KH | 25 g EW | 31 g Fett

FÜR 4 PORTIONEN

400 g	Fettuccine
2	Knoblauchzehen
30 g	Zwiebel
30 g	Olivenöl
200 g	grünen Thaispargel
300 g	Garnelen, küchenfertig
60 g	Weißwein, trocken*
100 g	Wasser, lauwarm
½ TL	Gemüsebrühpulver
200 g	Frischkäse, natur
100 g	Schmand
1 TL	Salz
etwas	Pfeffer, gem.
1 Spritzer	Zitronensaft

alkoholfreie Variante:
60 g Milch, 1,5%

ZUBEREITUNG

1 Nudeln in reichlich Salzwasser nach Packungsanweisung kochen.

2 In der Zwischenzeit Knoblauch und Zwiebel **5 Sek./Stufe 5** im Mixtopf zerkleinern. Vom Mixtopfrand nach unten schieben. Olivenöl zugeben und **1 Min./120°C/Stufe 1** dünsten.

3 Spargel waschen, Enden abschneiden und die Stangen in Stücke schneiden. Garnelen abspülen. Beides in den Mixtopf geben und **3 Min./100°C/ /Sanftrührstufe** erhitzen.

4 Wein, Wasser und Gemüsebrühpulver dazugeben und **5 Min./100°C/ /Sanftrührstufe** garen. Restliche Zutaten dazugeben und **3 Min./100°C/ /Sanftrührstufe** miteinander vermengen und erhitzen. Fettuccine und Sauce miteinander vermengen und 2 Min. ziehen lassen, anschließend servieren.

TIPP

Sie können auch normalen grünen Spargel verwenden. Die Stangen sollten aber sehr dünn sein.

FÜR 4 PORTIONEN

400 g	Tortiglioni
1 Bd.	Rucola
400 g	Putenbrustfilet
2 Scheiben	Vollkorntoast
etwas	Öl zum Anbraten
etwas	Salz & Pfeffer

FÜR DIE SAUCE

90 g	Parmesan, in Stücken
3	Knoblauchzehen
35 g	Kapern
4	Sardellenfilets (ca. 15 g)
1	Bio-Limette, Schalenabrieb davon und Saft der ½ Limette
1 ½ EL	Senf, grobkörnig
300 g	griechischer Joghurt
etwas	Pfeffer, frisch gem.

TIPP
Anstatt des Rucolas können Sie auch ein kleines Salatherz in Streifen geschnitten verwenden.

ZUBEREITUNG

1. Nudeln in reichlich Salzwasser nach Packungsanweisung kochen. Rucola waschen und putzen.

2. In der Zwischenzeit Putenbrust und Toast in kleine Würfel schneiden. Toast in einer Pfanne ohne Öl anbraten und anschließend umfüllen. Nun etwas Öl in die Pfanne geben und die Putenbrustwürfel anbraten. Mit Salz und Pfeffer würzen.

3. Für die Sauce, Parmesan **10 Sek./Stufe 8** reiben. Umfüllen.

4. Knoblauch, Kapern und Sardellen in den Mixtopf geben und **3 Sek./Stufe 8** zerkleinern. Mit dem Spatel zum Mixtopfboden schieben. Restliche Zutaten für die Sauce sowie die Hälfte des geriebenen Parmesans zugeben und **15 Sek./Stufe 4** vermengen.

5. Nudeln mit der Sauce, dem Rucola, Toast und den Putenbrustwürfeln vermengen und mit Parmesan bestreut servieren.

BAVETTE
con Gorgonzola e Noci

4 Port.

Pro Portion: 807 kcal | 96 g KH | 26 g EW | 34w g Fett

FÜR 4 PORTIONEN

500 g	Bavette
2 Stangen	Staudensellerie (65 g)
1	Rosmarinzweig, Nadeln davon
10 g	Rapsöl
150 g	Milch, 3,5%
150 g	Schlagsahne
100 g	Gemüsebrühe, flüssig
15 g	Speisestärke
etwas	Salz & Pfeffer
125 g	Gorgonzola
1	kl. Birne
40 g	Walnusskerne, grob gehackt
etwas	Schnittlauch, in Röllchen geschnitten

ZUBEREITUNG

1 Nudeln nach Packungsanweisung in reichlich Salzwasser garen.

2 In der Zwischenzeit Sellerie und Rosmarinnadeln im Mixtopf **3 Sek./Stufe 8** zerkleinern und mit dem Spatel nach unten schieben. Öl zugeben und **3 Min./120°C/Stufe 1** dünsten.

3 Milch, Sahne, Gemüsebrühe, Speisestärke, etwas Salz und Pfeffer zugeben und **5 Min./90°C/ /Stufe 1** ohne Messbecher aufkochen. Gorgonzola und Birne in Stücken zugeben und **3 Min/100°C/ /Stufe 1** ohne eingesetzten Messbecher verrühren.

4 Nudeln mit der Sauce vermengen und mit Walnüssen und Schnittlauch bestreut servieren.

TIPP

Walnüsse können Sie auch durch geröstete Mandeln ersetzen. Statt Schnittlauch schmeckt es auch sehr gut etwas Rucola.
Wer etwas Fleisch dazu möchte, kann 300 g Rinderfilet in Streifen geschnitten und in der Pfanne gebraten dazu geben.

FÜR 3-4 PORTIONEN

600 g	Gnocchi (Kühltheke)
200 g	Cocktailtomaten

FÜR DIE MARINADE

½ Bd.	Basilikum, frisch
½ Bd.	Oregano, frisch
2	Knoblauchzehen
30 g	Olivenöl

FÜR DIE SAUCE

1 Glas	geröstete Paprika (Abtr.gew. 210 g)
½ TL	Salz
etwas	schwarzer Pfeffer, frisch gem.
1 EL	Ahornsirup
100 g	saure Sahne

ZUBEREITUNG

1 Für die Kräutermarinade Basilikum, Oregano und Knoblauch im Mixtopf **8 Sek./Stufe 8** zerkleinern. Olivenöl zugeben und **5 Sek./Stufe 4** vermengen. Gnocchi mit der Kräutermarinade in einer großen Schüssel vermengen und 30 Min. marinieren.

2 Tomaten halbieren. Gnocchi und Tomaten in einer Pfanne mit etwas Öl garen.

3 In der Zwischenzeit die Sauce zubereiten. Alle Zutaten (außer saure Sahne) in den Mixtopf geben und **10 Sek./Stufe 5** mixen. Anschließend **3 Min./100°C/Stufe 1** erwärmen. Saure Sahne zugeben und **1 Min./100°C/Stufe 1** vermengen. Sauce zu den Gnocchi in die Pfanne geben, vermengen und servieren.

TIPP

Schmeckt auch lecker mit frischem Lachs. Diesen einfach klein schneiden und mit den Gnocchi und den Tomaten in der Pfanne anbraten.

Sie können die Gnocchi auch selbstmachen siehe Seite 7!

SPAGHETTI BOLOGNESE
- Bacon Style -

4 Port.

Pro Portion: 574 kcal | 84 g KH | 22 g EW | 15 g Fett

FÜR 4 PORTIONEN

125 g	Katenschinken, gewürfelt
35 g	Öl
2	Knoblauchzehen
½ Bd.	Petersilie
1	rote Peperoni, entkernt
125 g	Knollensellerie
2	Karotten (160 g)
100 g	Zwiebel, halbiert
400 g	Spaghetti
600 g	stückige Tomaten (Dose)
15 g	Tomatenmark
35 g	Ajvar, scharf
1 TL	Salz
1 TL	Zucker
1 Prise	Pfeffer, gem.

ZUBEREITUNG

1 Katenschinken und 15 g Öl in den Mixtopf geben und **5 Min./120°C/ /Stufe 1** dünsten. Umfüllen. Mixtopf spülen.

2 Knoblauch, Petersilie und Peperoni in den Mixtopf geben und **3 Sek./Stufe 8** zerkleinern. Sellerie, Karotten und Zwiebel zugeben und **15 Sek./Stufe 5** zerkleinern. 20 g Öl zugeben und **5 Min./120°C/Stufe 1** dünsten.

3 In der Zwischenzeit die Spaghetti nach Packungsanweisung in reichlich Salzwasser garen.

4 Restliche Zutaten und Katenschinken hinzufügen und **10 Min./100°C/ /Stufe 1** garen. Spaghetti zusammen mit der Speck-Bolognese servieren.

VEGGIE TIPP

Vegetarier können den Speck auch durch gebratene Karotten, Champignons oder Zucchini ersetzen.

FÜR 4 PORTIONEN

30 g	Zwiebel
30 g	Öl
300 g	Pfifferlinge (frisch o. TK)
50 g	Weißwein, trocken*
700 g	Wasser, lauwarm
1 EL	Gemüsebrühpulver
300 g	Gobbetti (Gabelspaghetti)
etwas	Öl zum Anbraten
4	Hähnchenbrustfilets (à 120 g)
etwas	Salz & Pfeffer
200 g	Frischkäse, natur
1-1½ TL	Salz
etwas	Pfeffer, gem.
3 EL	Schnittlauchröllchen
1 Spritzer	Zitronensaft
etwas	geriebener Parmesan

alkoholfreie Variante:
50 g flüssige Gemüsebrühe

ZUBEREITUNG

1 Zwiebel in den Mixtopf geben, **5 Sek./Stufe 5** zerkleinern und mit dem Spatel nach unten schieben. Öl zugeben und **1 Min./120°C/Stufe 1** dünsten.

2 Frische Pfifferlinge waschen, putzen und gut trocken tupfen. Gefrorene mit sehr warmen Wasser spülen bis fast aufgetaut sind. Pfifferlinge zur Zwiebel geben und **2 Min./100°C/ /Sanftrührstufe** vorgaren. Weißwein zugeben und **3 Min./100°C/ /Sanftrührstufe** kurz aufkochen. Nun Wasser und Gemüsebrühpulver zugeben und **10-12 Min./100°C/ /Sanftrührstufe** erhitzen, bis es kocht.

3 Gobbetti zugeben, mit dem Spatel unterrühren und **10 Min./100°C/ /Sanftrührstufe** kochen.

4 In der Zwischenzeit Öl in einer Pfanne erhitzen und Hähnchenbrustfilets anbraten. Mit etwas Salz und Pfeffer würzen.

5 Nach Garzeitende Frischkäse, Salz, Pfeffer, Schnittlauchröllchen und Zitronensaft in den Mixtopf zu den Nudeln geben und **30 Sek./ /Stufe 2** unterrühren. Ggf. noch einmal mit dem Spatel vorsichtig alles verrühren. Ca. 5 Min. im Topf ziehen lassen.

6 Pfifferlingspasta zusammen mit dem Hähnchenbrustfilet servieren. Je nach Geschmack noch mit etwas geriebenem Parmesan bestreuen.

FÜR 4 PORTIONEN

800 g	Tortellini mit Spinat-Ricotta-Füllung (Kühltheke)
2	Knoblauchzehen
250 g	Sahne
50 g	Tomatenmark
60 g	passierte Tomaten
etwas	Pfeffer, gem.
150 g	frischer Spinat
100 g	Alaska-Seelachsscheiben, abgetropft

ZUBEREITUNG

1. Tortellini in reichlich Wasser nach Packungsanweisung garen (ohne Salz).

2. Knoblauchzehen in den Mixtopf geben und **5 Sek./Stufe 6** zerkleinern. Mit dem Spatel vom Mixtopfrand nach unten schieben.

3. Sahne, Tomatenmark, passierte Tomaten und etwas Pfeffer zugeben und **3 Sek./Stufe 4** vermengen. Nun die Sauce **5 Min./100°C/Stufe 3** aufkochen.

4. Frischen Spinat waschen. Seelachsscheiben in Streifen schneiden und beides zu der Tomatensauce geben. Nun alles **3 Min./100°C/ /Stufe 1** erwärmen.

5. Sauce mit den Tortellini vermengen und servieren.

HINWEIS

In dieses Gericht kommt kein zusätzliches Salz, da die Alaska-Seelachsscheiben sehr salzig sind.

SCHARFE SPAGHETTI
mit Rinderfiletstreifen

4 Port.

Pro Portion: 791 kcal | 73 g KH | 45 g EW | 33 g Fett

FÜR 4 PORTIONEN

400 g	Rinderfilet
2	Knoblauchzehen
⅓	rote Peperoni
1 EL	Sojasauce
3 EL	Olivenöl

FÜR DIE PASTA

3	Knoblauchzehen
⅔	rote Peperoni
50 g	getr. Tomaten, in Öl eingelegt
1 EL	Olivenöl
780 g	Wasser, lauwarm
1 TL	Salz
½ TL	Paprikapulver, edelsüß
1	rote Paprika
1	gelbe Paprika
350 g	Spaghetti (9 Min. Kochzeit)
200 g	Schmand
80 g	Rucola

ZUBEREITUNG

1 Rinderfilet in Streifen schneiden und in einen Gefrierbeutel geben. Für das Fleisch eine Marinade herstellen. Dazu Knoblauch und Peperoni im Mixtopf **5 Sek./Stufe 5** zerkleinern. Mit Sojasauce und Olivenöl vermengen und zum Fleisch geben. Fleisch gut mit Marinade vermischen und mind. 1 Std. im Kühlschrank ziehen lassen.

2 Knoblauch, Peperoni und getrocknete Tomaten in den Mixtopf geben und **5 Sek./Stufe 5** zerkleinern. Mit dem Spatel vom Mixtopfrand nach unten schieben. Olivenöl dazugeben und **1 Min./120°C/Stufe 1** andünsten.

3 Wasser, Salz und Paprikapulver dazugeben und **6 Min./100°C/Stufe 1** aufkochen. In der Zwischenzeit rote und gelbe Paprika klein würfeln.

4 Messbecher vom Mixtopf entfernen und die Spaghetti durch die Deckelöffnung einwiegen. **16 Min./100°C/ /Sanftrührstufe** kochen lassen. Nach und nach die Spaghetti reinschieben. Ggf. mit dem Spatel nachhelfen. Nach 7 Min. Kochzeit Paprikawürfel dazugeben und mitköcheln lassen.

5 In der Zwischenzeit marinierte Rinderfiletstreifen in einer Pfanne scharf anbraten. Rucola waschen und trocknen.

6 Zu den gegarten Spaghetti den Schmand dazugeben und **20 Sek./ /Stufe 2** vermengen. Ggf. Pasta noch einmal mit etwas Salz und Pfeffer abschmecken. Rindfleischstreifen und Rucola in einer separaten großen Schüssel mit den Spaghetti vermengen und servieren.

4 PORT.

PASTA VERDURA
mit Rindersteakstreifen

Pro Portion: 725 kcal | 87 g KH | 34 g EW | 24 g Fett

FÜR 4 PORTIONEN

200 g	Rindersteak
1	kl. Zucchini (ca. 160 g)
3	Pilze (ca. 90 g)
1	gelbe Paprika
100 g	Cocktailtomaten
400 g	Penne
etwas	Öl zum Anbraten
etwas	Salz & Pfeffer
1 Handvoll	Basilikumblätter

FÜR DAS PESTO:

50 g	Parmesan, in Stücken
2	Knoblauchzehen
1	rote Chilischote, entkernt
1	kl. Zwiebel (50 g), halbiert
180 g	geröstete Paprika (aus dem Glas)
20 g	Olivenöl
50 g	Ajvar, mild
250 g	Ricotta

ZUBEREITUNG

1. Rindfleisch in Streifen schneiden. Gemüse putzen und in mundgerechte Stücke schneiden.

2. Öl in die Pfanne geben, das Gemüse anbraten und ca. 8 Min. garen. Anschließend die Steakstreifen mit etwas Salz und Pfeffer würzen und weitere 3-5 Min. mitbraten. Nudeln in reichlich Salzwasser nach Packungsanweisung kochen.

3. Für das Pesto Parmesan **10 Sek./Stufe 8** reiben. Umfüllen.

4. Knoblauchzehen und Chilischote im Mixtopf **3 Sek./Stufe 8** zerkleinern. Zwiebel zugeben und **5 Sek./Stufe 5** hacken. Mit dem Spatel zum Mixtopfboden schieben. Abgetropfte Paprika, Olivenöl und Ajvar zugeben und **20 Sek./Stufe 8** pürieren. Ricotta und Parmesan zugeben und **15 Sek./Stufe 4** vermengen.

5. Nudeln mit dem Pesto, dem Pfannengemüse und den Steakstreifen anrichten. Mit einigen Basilikumblättern bestreut servieren.

TIPP

Sie können das Gemüse nach Belieben variieren. Das Gericht schmeckt auch sehr gut mit Auberginen, Spargel oder Brechbohnen!

SCAMPI-PASTA
mit grünem Spargel

2 PORT.

Pro Portion: 824 kcal | 79 g KH | 33 g EW | 40 g Fett

FÜR 2 PORTIONEN

- 200 g Spaghetti
- 200 g grüner Spargel
- etwas Öl
- 200 g Scampi, küchenfertig
- 1 EL Zitronensaft

FÜR DIE SAUCE

- 2 Knoblauchzehen
- 1 kl. rote Peperoni
- 1 Handvoll Basilikumblätter
- 10 g Olivenöl
- 1 EL Zitronensaft
- 25 g Weißwein*
- 100 g Sahne
- 20 g Ajvar
- 100 g Crème Fraîche
- ½ TL Salz
- etwas Pfeffer

*alkoholfreie Variante:
25 g Sahne oder Wasser

ZUBEREITUNG

1 Spaghetti in reichlich Salzwasser nach Packungsanweisung garen.

2 Spargel im unteren Drittel schälen und in Stücke schneiden. In einer Pfanne mit etwas Öl garen. Nach 5 Min. die Scampi zugeben und mit dem Zitronensaft beträufeln.

3 In der Zwischenzeit Knoblauch, Peperoni und Basilikum **5 Sek./Stufe 8** zerkleinern. Öl zugeben und **2 Min./120°C/Stufe 1** andünsten.

4 Restliche Zutaten für die Sauce zugeben und **5 Min./90°C/Stufe 2** erhitzen. Mit dem Spargel und den Scampi in der Pfanne vermischen, die Nudeln unterheben und auf zwei Tellern anrichten.

DOPPELTE MENGE

Das Rezept können Sie problemlos verdoppeln.

KRABBEN-SEKT-RIGATE
One-Pot-Pasta

2–3 Port.

Pro Portion: 594 kcal | 59 g KH | 24 g EW | 27 g Fett

FÜR 2-3 PORTIONEN

1	kl. Zwiebel, halbiert
1	Knoblauchzehe
1 Handvoll	frischer Oregano
20 g	Olivenöl
etwas	Chiliflocken, gem.
1 Dose	stückige Tomaten (400 g)
100 g	Wasser, lauwarm
1 TL	Kräuter der Provence, getr.
1 TL	Salz
etwas	schwarzer Pfeffer, frisch gem.
½ TL	Zucker
200 g	Mini Penne Rigate (Kochzeit 6 Min., z.B. von Barilla)
125 g	Mozzarella
100 g	Nordseekrabben, küchenfertig
100 g	Crème fraîche
50 g	Sekt*
etwas	Oregano & Chiliflocken zum Garnieren

alkoholfreie Variante:
50 g Gemüsebrühe, flüssig

ZUBEREITUNG

1 Zwiebel, Knoblauch und Oregano **5 Sek./Stufe 5** zerkleinern und mit dem Spatel nach unten schieben. Olivenöl und Chiliflocken zugeben und **2 Min./120°C/Stufe 1** dünsten.

2 Stückige Tomaten, Wasser und Gewürze zugeben und **5 Min./100°C/Stufe 1** aufkochen.

3 Penne Rigate zugeben und **7:30 Min./100°C/ / Stufe 0.5** kochen. In der Zwischenzeit den Mozzarella abtropfen lassen und in kleine Würfel schneiden.

4 Restliche Zutaten, sowie Mozzarella zugeben und **1:30 Min./90°C/ / Stufe 0.5** vermengen. Mit Chiliflocken und einigen Oreganoblättern servieren.

One-Pot-Spaghetti
aglio e olio

4 Port.

Pro Portion: 530 kcal | 65 g KH | 17 g EW | 21 g Fett

FÜR 4 PORTIONEN

60 g	Parmesan, in Stücken
5	Knoblauchzehen
1	rote Peperoni, entkernt
2 Handvoll	Petersilie
70 g	Olivenöl
750 g	Wasser, lauwarm
1 TL	Salz
360 g	Spaghetti (Kochzeit 9 Min., z.B. von Barilla)
etwas	Salz & Pfeffer
etwas	frische Petersilie

ZUBEREITUNG

1 Parmesan in den Mixtopf geben und **10 Sek./Stufe 8** zerkleinern. Umfüllen.

2 Knoblauch, Peperoni und Petersilie in den Mixtopf geben. **5 Sek./Stufe 5** zerkleinern. Mit dem Spatel vom Mixtopfrand nach unten schieben. 50 g Olivenöl dazugeben und **2 Min./100°C/Stufe 1** andünsten. Wasser und Salz dazugeben und **6 Min./100°C/Stufe 1** aufkochen.

3 Nun den Messbecher abnehmen und Gerät auf **15 Min./100°C/ /Sanftrührstufe** einstellen und starten. Waage aktivieren, die Spaghetti einwiegen und durch den Mixtopfdeckel schieben. Immer wieder langsam und vorsichtig nachschieben, bis die Spaghetti im Mixtopf verschwunden sind. Ggf. mit dem Spatel nachhelfen.

4 Nach Garzeitende restliches Olivenöl dazugeben und mit Salz und Pfeffer nachwürzen. Zusammen mit dem Parmesan servieren. Ggf. noch frische Petersilie darüber streuen.

TIPP

Anstelle von Peperoni können Sie auch eine Chilischote verwenden. Petersilie und Parmesan können Sie auch durch andere Kräuter und Käsesorten ersetzen. Wer möchte, kann das Gericht auch mit Speckwürfelchen zubereiten.

CHILI CHEESE MAKKARONI
One-Pot-Pasta

4 PORT.

Pro Portion: 519 kcal | 46 g KH | 22 g EW | 27 g Fett

FÜR 4 PORTIONEN

50 g	Bergkäse, in Stücken
80 g	Emmentaler, in Stücken
50 g	Parmesan, in Stücken
2	Knoblauchzehen
1	rote Chilischote, entkernt
1 Handvoll Petersilie	
20 g	Olivenöl
500 g	Wasser, lauwarm
100 g	Sahne
1 TL	Salz
¼ TL	Pfeffer, gem.
1 Msp.	Muskat, gem.
250 g	kurze Makkaroni (Kochzeit 7 Min., z.B. von Barilla)
etwas	frische Petersilie

ZUBEREITUNG

1 Käse in den Mixtopf geben und **10 Sek./Stufe 7** zerkleinern. Umfüllen.

2 Knoblauch, Chili und Petersilie in den Mixtopf geben und **5 Sek./Stufe 6** zerkleinern. Mit dem Spatel vom Mixtopfrand nach unten schieben. Olivenöl dazugeben und **3 Min./120°C/Stufe 1** dünsten.

3 Wasser, Sahne und Gewürze zugeben und **5-6 Min./100°C/Stufe 1** aufkochen. Sobald die Temperatur erreicht ist, Gerät stoppen!

4 Nudeln zugeben und das Ganze **9 Min./100°C/ /Sanftrührstufe** kochen.

5 Nach Garzeitende den geriebenen Käse zugeben und solange mit dem Spatel unterrühren, bis der Käse geschmolzen ist. Mit frisch gehackter Petersilie bestreut servieren.

veggie

ONE-POT-GOBBETTI
in Erdnuss-Sauce

2–3 Port.

Pro Portion: 806 kcal | 77 g KH | 40 g EW | 36 g Fett

FÜR 2-3 PORTIONEN

2	Knoblauchzehen
1 Stück	Ingwer, walnussgroß
3	Frühlingszwiebeln
20 g	Sesamöl
600 g	Wasser, lauwarm
2 TL	Gemüsebrühpulver
250 g	Gobbetti (Kochzeit 8 Min., z.B. von Barilla)
1	Karotte (ca. 80 g)
1	rote Paprika (ca. 180 g)
200 g	Hähnchenbrustfilet, in Würfel (2 x 2 cm)
1 ½ EL	Sojasauce
50 g	Erdnussbutter
80 g	geröstete Erdnüsse, ungesalzen

Zum Garnieren:

½ Bd.	Koriander, frisch gehackt
1	Limette, Saft davon
1 Handvoll	Frühlingszwiebelröllchen
1 Handvoll	geröstete Erdnüsse, ungesalzen

ZUBEREITUNG

1 Knoblauch und Ingwer im Mixtopf **3 Sek./Stufe 8** zerkleinern. Mit dem Spatel nach unten schieben. Frühlingszwiebeln in Röllchen schneiden und zugeben. Sesamöl einwiegen und **2 Min./120°C/Stufe 1** dünsten.

2 Wasser und Gemüsebrühpulver zugeben und **6 Min./100°C/Stufe 1** erhitzen. Karotte und Paprika würfeln und mit Nudeln und Hähnchenbrustfilet **10 Min./100°C/ /Stufe 0.5** im Mixtopf garen.

3 Restliche Zutaten zugeben und **2 Min./90°C/ /Stufe 0.5** vermengen. Ggf. mit dem Spatel etwas nachhelfen. Auf 2 oder 3 Tellern anrichten. Limette auspressen, Koriander mit einem Messer hacken und mit Limettensaft vermischen. Über die Nudeln träufeln und mit Frühlingszwiebelröllchen und gerösteten Erdnüssen servieren.

ONE-POT-PASTA
Greek-Style

4 Port.

Pro Portion: 666 kcal | 69 g KH | 27 g EW | 34 g Fett

FÜR 4 PORTIONEN

1	rote Peperoni, entkernt (15 g)
3	Knoblauchzehen
1 Handvoll	Petersilie
40 g	Olivenöl
1	rote Zwiebel, halbiert, in Ringe geschnitten
1 TL	Salz
1 ½ TL	Oregano, gerebelt
½ TL	Gemüsebrühpulver
760 g	Wasser, lauwarm
350 g	Spaghetti (Kochzeit 9 Min., z.B. von Barilla)
40 g	Babyspinat, gewaschen
150 g	Cocktailtomaten
60 g	schwarze Oliven, in Scheiben geschnitten
etwas	Salz & Pfeffer
200 g	Schafskäse
50 g	geröstete Erdnüsse, gesalzen

ZUBEREITUNG

1 Peperoni, Knoblauch und Petersilie in den Mixtopf geben und **5 Sek/Stufe 5** zerkleinern. Mit dem Spatel vom Mixtopfrand nach unten schieben. Olivenöl und rote Zwiebel dazugeben und **2 Min./100°C/Stufe 1** andünsten.

2 Salz, Oregano, Gemüsebrühpulver und Wasser dazugeben und **7 Min./100°C/Stufe 1** aufkochen.

3 Messbecher abnehmen und Thermomix auf **16 Min./100°C/ /Sanftrührstufe** einstellen und starten. Nun die Waage aktivieren, die Spaghetti einwiegen und durch die Mixtopföffnung schieben. Immer wieder langsam und vorsichtig nachschieben, bis die Spaghetti im Mixtopf verschwunden sind. Ggf. mit dem Spatel nachhelfen.

4 4 Min. vor Garzeitende Spinat, Tomaten und Oliven dazugeben. Nach Garzeitende mit Salz und Pfeffer nachwürzen. Pasta zusammen mit Schafskäse und gerösteten Erdnüssen servieren.

ONE-POT-GEMELLI
al Salmone

2–3 Port.

Pro Portion: 690 kcal | 66 g KH | 30 g EW | 31 g Fett

FÜR 2-3 PORTIONEN

1	kl. Zwiebel, halbiert
1	gelbe Peperoni, entkernt
10 g	Olivenöl
30 g	Zitronensaft
1 TL	Gemüsebrühpulver
500 g	Wasser, lauwarm
100 g	Kochsahne
1 TL	Salz
½ TL	Pfeffer, gem.
250 g	Gemelli (Kochzeit 10 Min., z.B. von Barilla)
250 g	frischer Lachs
25 g	frischer Bärlauch
100 g	Mascarpone
etwas	Bärlauch zum Garnieren

ZUBEREITUNG

1. Zwiebel und Peperoni **5 Sek./Stufe 5** zerkleinern, mit dem Spatel nach unten schieben. Olivenöl zugeben und **2 Min./120°C/Stufe 1** dünsten.

2. Zitronensaft, Gemüsebrühpulver, Wasser und Kochsahne zugeben und **5 Min./100°C/Stufe 1** aufkochen.

3. Salz, Pfeffer und Gemelli zugeben und **10 Min./100°C/ /Sanftrührstufe** kochen. In der Zwischenzeit den Lachs in kleine Würfel schneiden und mi den Nudeln im Mixtopf **3 Min./100°C/ /Sanftrührstufe** weiter garen. Bärlauch mit einem Messer hacken.

4. Gehackten Bärlauch und Mascarpone zugeben und **1 Min./100°C/ / Sanftrührstufe** vermengen, ggf. den Spatel zur Hilfe nehmen. Pasta mit etwas gehacktem Bärlauch bestreut servieren.

TIPP

Außerhalb der Bärlauchsaison geben Sie im ersten Schritt vor dem Zerkleinern eine Knoblauchzehe dazu. Statt Bärlauch verwenden Sie Basilikum.

4 Port.

PASTA SEASIDE
mit cremiger Sauce

Pro Portion: 643 kcal | 67 g KH | 25 g EW | 29 g Fett

FÜR 4 PORTIONEN

2	Knoblauchzehen
1	kl. Zwiebel, halbiert
1 Handvoll	Petersilie
20 g	Olivenöl
650 g	Wasser, lauwarm
150 g	Sahne
1½ TL	Salz
350 g	Spaghetti (Kochzeit 9 Min. z.B. von Barilla)
230 g	Zucchini, klein gewürfelt
100 g	Räucherlachs
125 g	Shrimps oder Garnelen, küchenfertig
120 g	Crème fraîche
1 EL	Zitronensaft
etwas	Salz & Pfeffer
etwas	Petersilie, frisch gehackt

ZUBEREITUNG

1 Knoblauch, Zwiebel und Petersilie in den Mixtopf geben und **5 Sek./Stufe 5** zerkleinern. Mit dem Spatel vom Mixtopfrand nach unten schieben. Olivenöl dazugeben und **2 Min./120°C/Stufe 1** dünsten.

2 Wasser, Sahne und Salz dazugeben und **6 Min./100°C/Stufe 1** aufkochen.

3 Nun den Messbecher abnehmen, **15 Min./100°C/  /Sanftrührstufe** einstellen und starten. Waage aktivieren, Spaghetti einwiegen und durch die Mixtopföffnung schieben. Immer wieder vorsichtig nachschieben, bis die Spaghetti im Mixtopf verschwunden sind. Ggf. noch mit dem Spatel nachhelfen.

4 Bei **7 Min. Restgarzeit** die Zucchiniwürfel durch die Deckelöffnung zugeben und ggf. mit dem Spatel unterheben. Bei **4 Min. Restgarzeit** den in Stücke geschnittenen Lachs und die Shrimps/Garnelen durch die Deckelöffnung zugeben und vorsichtig unterheben. Nach Garzeitende Crème fraîche einwiegen und Zitronensaft hinzufügen. Das Ganze nun in einer großen Schüssel vorsichtig vermengen. Mit Salz und Pfeffer abschmecken. Ggf. noch frische Petersilie darüber streuen.

ONE-POT-BOLOGNESE
mit Fusilli

4 PORT.

Pro Portion: 718 kcal | 62 g KH | 31 g EW | 37 g Fett

FÜR 4 PORTIONEN

2	Knoblauchzehen
20 g	Olivenöl
400 g	Hackfleisch, gemischt
500 g	passierte Tomaten
200 g	Sahne
200 g	Wasser, lauwarm
2 TL	Gemüsebrühpulver
1 TL	Salz
etwas	Pfeffer, gem.
300 g	Fusilli (Kochzeit 11 Min., z.B. von Barilla)
ggf.	geriebener Parmesan und frisch gehackte Petersilie

ZUBEREITUNG

1 Knoblauch in den Mixtopf geben und **5 Sek./Stufe 5** zerkleinern. Mit dem Spatel vom Mixtopfrand nach unten schieben. Olivenöl dazugeben und **1 Min./120°C/Stufe 1** dünsten.

2 Hackfleisch (zerrupft) dazugeben und **3 Min./100°C/ /Sanftrührstufe** garen. Mit dem Spatel etwas vom Messer lösen.

3 Passierte Tomaten, Sahne, Wasser, Gemüsebrühpulver, Salz und etwas Pfeffer dazugeben und **7 Min./100°C/Stufe 1** aufkochen.

4 Fusilli hinzugeben und mit dem Spatel unterheben. **13 Min./100°C/ /Sanftrührstufe** aufkochen. Umfüllen. Mit Petersilie und Parmesan bestreut servieren.

THYMIAN-MANDEL *Pesto*

4 PORT.

CA. 180 GRAMM

ZUTATEN

50 g	Parmesan
½	rote Peperoni, entkernt
20 g	ganze Mandeln, ohne Haut
30 g	getr. Tomaten, in Öl eingelegt
7	Thymianzweige, entstielt
1 Handvoll	glatte Petersilie
80 g	Olivenöl
1 TL	Salz

ZUBEREITUNG

1 Parmesan in den Mixtopf geben und **10 Sek./Stufe 10** reiben.

2 Restliche Zutaten zugeben und **15 Sek./Stufe 7** zu einem Pesto verarbeiten.

DIE PESTOS WERDEN EINFACH ÜBER GEKOCHTE PASTA GEGEBEN, VERMENGT UND SO SERVIERT. PESTO HÄLT SICH IM KÜHLSCHRANK MEHRERE TAGE. MAN SOLLTE JEDOCH EINE KLEINE ÖLSCHICHT DARÜBER GIESSEN.

Pro Portion (45 g):
269 kcal | 3 g KH | 6 g EW | 25 g Fett

GRILLGEMÜSE Pesto

7 PORT.

CA. 350 GRAMM

Pro Portion (50 g):
68 kcal | 6 g KH | 2 g EW | 3 g Fett

ZUTATEN

1	rote Paprika
2	Tomaten
1	gelbe Chilischote (o. rot)
2	Knoblauchzehen
etwas	Olivenöl
40 g	ganze Mandeln, ohne Haut
1 EL	Rotweinessig
20 g	Semmelbrösel
2 TL	Ahornsirup
½ TL	Paprikapulver, rosenscharf
½ TL	Meersalz
1 Prise	Pfeffer, gem.

ZUBEREITUNG

1 Backofen auf 200°C Umluft vorheizen. Paprika halbieren und entkernen. Tomaten ebenfalls halbieren. Beides in eine Auflaufform legen und mit Olivenöl beträufeln. Chilischote (ganz) und Knoblauch hinzugeben und alles für ca. 40-45 Min. im Ofen rösten.

2 Die dunklen Stellen entfernen, von den Chilischoten die Stiele entfernen und Kerne herausschaben. Mandeln in einer Pfanne ohne Öl rösten, bis sich dunkle Stellen bilden.

3 Mandeln in den Mixtopf geben und **8 Sek./Stufe 6** hacken. Gegrilltes Gemüse aus dem Ofen zugeben und **8 Sek./Stufe 5** zerkleinern. Restliche Zutaten zugeben, Gareinsatz einsetzen und das Ganze **10 Sek./Stufe 8** pürieren.

GENOVESE *Pesto*

4 PORT.

CA. 200 GRAMM

ZUTATEN

2	Knoblauchzehen
30 g	Pinienkerne
50 g	Parmesan
25 g	Basilikumblätter
80 g	Olivenöl
1–1½ TL	Salz
etwas	Pfeffer, gem.

ZUBEREITUNG

1 Knoblauch, Pinienkerne und Parmesan in den Mixtopf geben und **10 Sek./Stufe 10** zerkleinern. Mit dem Spatel vom Mixtopfrand nach unten schieben.

2 Restliche Zutaten dazugeben und **10 Sek./Stufe 7** mischen, ggf. noch einmal mit etwas Salz abschmecken.

Pro Portion (50 g):
276 kcal | 3 g KH | 6 g EW | 26 g Fett

Pfifferling Pesto

8 PORT.

CA. 400 GRAMM

ZUTATEN

20 g	getr. Pfifferlinge
200 g	heißes Wasser
3	Knoblauchzehen
30 g	Zwiebel
100 g	Olivenöl
30 g	Pinienkerne
20 g	glatte Petersilie
60 g	Parmesan
1-1½ TL	Salz

ZUBEREITUNG

1 Pfifferlinge in einer Schüssel mit heißem Wasser 15 Min. einweichen.

2 Knoblauch und Zwiebel in den Mixtopf geben und **5 Sek./Stufe 6** zerkleinern. Vom Mixtopfrand nach unten schieben. 10 g Öl dazugeben und **1:30 Min./120°C/Stufe 1** dünsten. Abkühlen lassen.

3 Pinienkerne in einer beschichteten Pfanne ohne Fett rösten und abkühlen lassen.

4 Pfifferlinge ausdrücken und mit 50 g Öl und restlichen Zutaten in den Mixtopf zugeben. Das Ganze **10 Sek./Stufe 10** pürieren. Pesto vom Mixtopfrand nach unten schieben und mit dem restlichen Olivenöl nochmal **5 Sek./Stufe 7** vermengen.

Pro Portion (50 g):
168 kcal | 2 g KH | 4 g EW | 16 g Fett

ROTE LINSEN Pesto

6 PORT.

CA. 300 GRAMM

ZUTATEN

100 g	getr. Tomaten, in Öl eingelegt
50 g	rote Linsen
200 g	Wasser, lauwarm
20 g	Pinienkerne
3	Knoblauchzehen
30 g	Parmesan
1 Handvoll	frische Basilikumblätter
½ TL	Salz
etwas	Pfeffer, gem.
30 g	Olivenöl

ZUBEREITUNG

1 Tomaten, rote Linsen und Wasser in den Mixtopf geben und **12 Min./100°C/Stufe 1** kochen. Nun die Flüssigkeit abgießen und die Linsen und Tomaten im Mixtopf abkühlen lassen.

2 In der Zwischenzeit die Pinienkerne in einer beschichteten Pfanne fettfrei anrösten und ebenfalls abkühlen lassen.

3 Restliche Zutaten mit Pinienkernen in den Mixtopf zu den Linsen und Tomaten geben und **10 Sek./Stufe 10** zu Pesto verarbeiten.

Pro Portion (50 g): 141 kcal | 8 g KH | 6 g EW | 9 g Fett

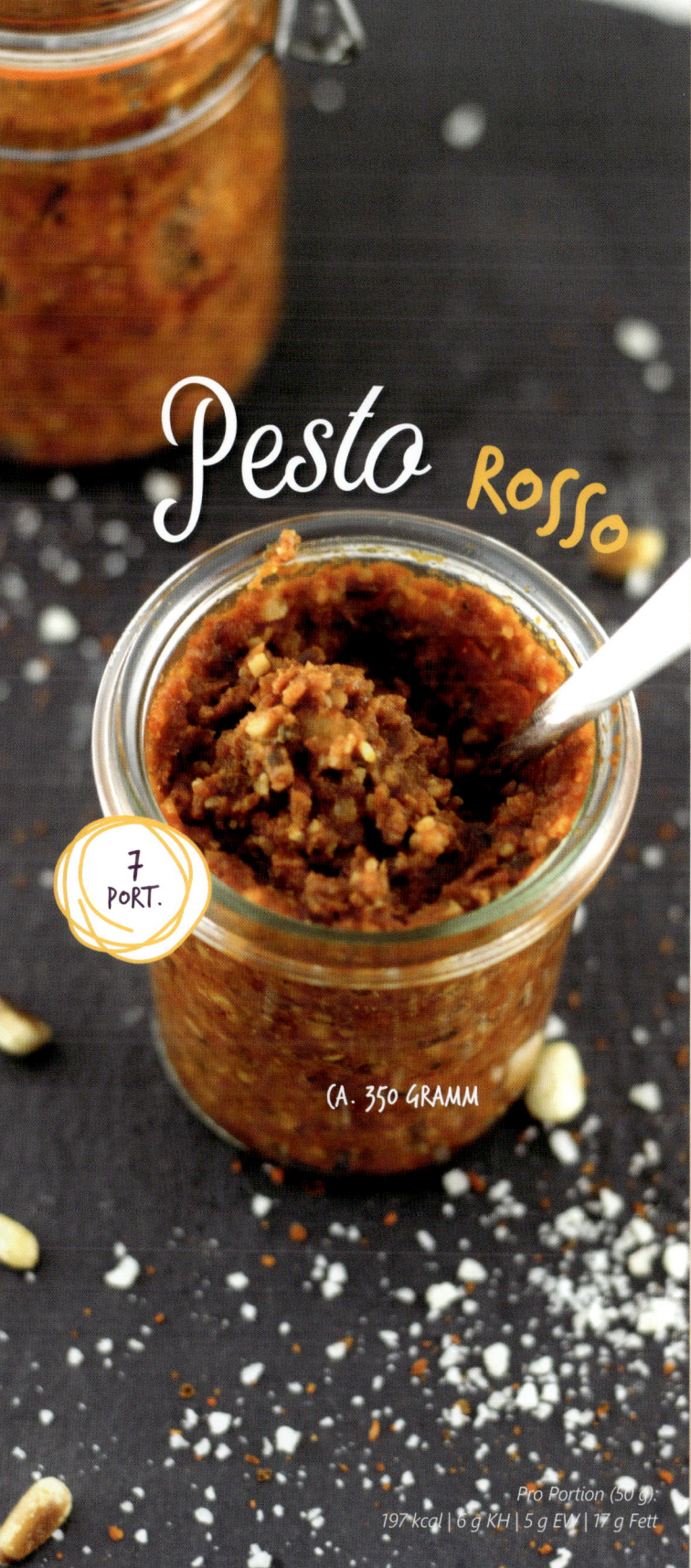

Pesto Rosso

7 PORT.

CA. 350 GRAMM

ZUTATEN

1 Glas	getr. Tomaten, in Öl eingelegt (Abtr.gew. 180 g)
30 g	Pinienkerne
50 g	Parmesan
1	Knoblauchzehe
½ TL	Chiliflocken
½ TL	Salz
½ TL	Zucker
etwas	Pfeffer, gem.
80 g	Olivenöl

ZUBEREITUNG

1 Die Tomaten gut abtropfen lassen. Pinienkerne in einer Pfanne ohne Fett rösten, anschließend sofort auf einen Teller umfüllen und abkühlen lassen.

2 Parmesan **12 Sek./Stufe 8** zerkleinern. Umfüllen.

3 Knoblauch, Tomaten und Pinienkerne **15 Sek./Stufe 7** zerkleinern. Ggf. mit dem Spatel zum Mixtopfboden schieben. Restliche Zutaten zugeben und **10 Sek./Stufe 4** vermengen.

Pro Portion (50 g):
197 kcal | 6 g KH | 5 g EW | 17 g Fett

Spinat-Walnuss Pesto

5 Port.

ca. 225 Gramm

ZUTATEN

45 g	Parmesan
2	Knoblauchzehen
40 g	Walnusskerne
70 g	Baby-Blattspinat, gewaschen, entstielt
65 g	fruchtiges Olivenöl (z.B. von Bertoli)
etwas	Salz & Pfeffer

ZUBEREITUNG

1. Parmesan im Mixtopf **10 Sek./Stufe 8** zerkleinern. Umfüllen.

2. Knoblauch und Walnusskerne im Mixtopf **8 Sek./Stufe 6** zerkleinern.

3. Spinat zugeben und **4 Sek./Stufe 8** zerkleinern. Mit dem Spatel zum Mixtopfboden schieben.

4. Parmesan und Olivenöl zugeben und **15 Sek./Stufe 4** vermengen. Mit etwas Salz und Pfeffer abschmecken.

Pro Portion (45 g):
207 kcal | 1 g KH | 5 g EW | 20 g Fett

Rote Beete Pesto

TIPP

Ziehen Sie Handschuhe beim Verarbeiten der Rote Beete an. Diese färbt sehr stark.

6 PORT.

CA. 300 GRAMM

Pro Portion (50 g):
98 kcal | 3 g KH | 3 g EW | 8 g Fett

ZUTATEN

200 g	rote Beete
1.200 g	Wasser, lauwarm
25 g	Parmesan
1	Knoblauchzehe
1	Rosmarinzweig, Nadeln davon
30 g	geröstete Pistazien
25 g	fruchtiges Olivenöl (z.B. von Bertoli)
1 TL	Zitronensaft
1 Prise	Salz
1 Prise	Zucker

ZUBEREITUNG

1 Rote Beete klein würfeln und in den Gareinsatz geben. Wasser in den Mixtopf füllen, Gareinsatz einsetzen und **27 Min./Varoma/Stufe 1** garen.

2 Nach Garzeitende Gareinsatz herausnehmen, Mixtopf spülen und gut trocknen. Parmesan einwiegen und **10 Sek./Stufe 8** zerkleinern. Umfüllen.

3 Knoblauch und Rosmarinnadeln in den Mixtopf geben und **5 Sek./Stufe 8** zerkleinern. Pistazien zugeben und **15 Sek./Stufe 5** zerkleinern. Mit dem Spatel zum Mixtopfboden schieben.

4 Rote Beete zugeben und **10 Sek./Stufe 4** zerkleinern. Restliche Zutaten zugeben und **10 Sek./Stufe 4** vermengen.

Avocado Pesto

4 PORT.

ZUTATEN

500 g	Spaghetti
1	Knoblauchzehe
1 Handvoll	frische Basilikumblätter
10 g	Pinienkerne
60 g	Parmesan
1	kl. Avocado (ca. 65 g)
2 TL	Limettensaft
20 g	Olivenöl
175 g	Nudelwasser
etwas	Chiliflocken, gem.
1 TL	Salz
etwas	Pfeffer, frisch gem.

ZUBEREITUNG

1 Nudeln nach Packungsanweisung in reichlich Salzwasser garen. 175 g Nudelwasser beim Absieben auffangen.

2 Knoblauch, Basilikum, Pinienkerne und Parmesan im Mixtopf **10 Sek./Stufe 7** zerkleinern.

3 Restliche Zutaten zugeben und **20 Sek./Stufe 7** mixen. Mit Salz, Pfeffer und Chili abschmecken, mit den Nudeln vermengen und servieren.

TIPP

Dazu passt auch etwas Hirtenkäse. Einfach mit den Händen etwas zerbröseln und über die Nudeln streuen.

Pro Portion:
597 kcal | 91 g KH | 22 g EW | 15 g Fett

BÄRLAUCH Pesto

CA. 250 GRAMM

5 PORT.

Pro Portion (50 g):
243 kcal | 3 g KH | 2 g EW | 24 g Fett

ZUTATEN

50 g	Pinienkerne
100 g	frischer Bärlauch, gewaschen, trocken getupft
100 g	Olivenöl
½ TL	Salz
etwas	Pfeffer, gem.

ZUBEREITUNG

1 Pinienkerne in einer beschichteten Pfanne fettfrei anrösten.

2 Zusammen mit den restlichen Zutaten in den Mixtopf geben und **15 Sek./Stufe 7** zerkleinern.

3 Zusammen mit Pasta servieren. Rezeptidee mit Bärlauchpesto auf Seite 17.

TIPP

Das Bärlauchpesto eignet sich auch gut zum Verfeinern von Pastasaucen. Einfach nach Geschmack 1 TL zur fertigen Sauce geben.

CANNELLONI
mit Spargelfüllung

4 Port.

Pro Portion: 566 kcal | 42 g KH | 31 g EW | 31 g Fett

FÜR 4 PORTIONEN

40 g	Parmesan, in Stücken
100 g	Gouda, in Stücken
12	Cannelloni
100 g	Cocktailtomaten, halbiert

FÜR DIE FÜLLUNG

50 g	Parmesan, in Stücken
200 g	grüner Minispargel
2	Knoblauchzehen
250 g	Ricotta
1	Ei (Gr. M)
1 Handvoll	Basilikumblätter
½-1 TL	Salz
1 Prise	Pfeffer, gem.

FÜR DIE BECHAMELSAUCE

30 g	Butter
50 g	Mehl
400 g	Milch, 1,5%
½-1 TL	Salz
1 Prise	Muskat, gem.

ZUBEREITUNG

1 40 g Parmesan und 100 g Gouda im Mixtopf **15 Sek./Stufe 10** zerkleinern. Umfüllen. 50 g Parmesan für die Füllung ebenfalls **15 Sek./Stufe 10** im Mixtopf zerkleinern. Umfüllen.

2 Spargel waschen, holzige Enden abschneiden und die Stangen in Stücke schneiden. In eine Schüssel geben.

3 Knoblauch im Mixtopf **5 Sek./Stufe 5** zerkleinern. Restliche Zutaten für die Füllung (inkl. 50 g geriebenen Parmesan) zugeben und **10 Sek./Stufe 7** vermengen. Die Masse zum Spargel geben und gut vermengen. Mixtopf spülen.

4 Backofen auf 200°C Ober-/Unterhitze vorheizen. Cannelloni mit der Spargelfüllung füllen und in eine Auflaufform geben.

5 Nun die Bechamelsauce zubereiten. Butter im Mixtopf **1 Min./100°C/Stufe 1** schmelzen. Mehl dazugeben und **1 Min./100°C/Stufe 1** anschwitzen. Milch, Salz und Muskat zugeben und **5 Sek./Stufe 5** vermengen. Nun **6 Min./100°C/Stufe 2** aufkochen.

6 Bechamelsauce über die Cannelloni geben. Tomaten waschen und halbieren und darüber verteilen. Mit geriebenem Käse bestreuen und ca. 30 Min. überbacken.

Kürbislasagne mit Champignons

6 Port.

Pro Portion: 554 kcal | 58 g KH | 22 g EW | 26 g Fett

Für 6 Portionen

200 g	Bergkäse, in Stücken
650 g	Kürbis (Butternut)
250 g	Champignons, braun
2	Zwiebeln, halbiert
2	Knoblauchzehen
1	Rosmarinzweig, Nadeln davon
40 g	Rapsöl
150 g	Gemüsebrühe, flüssig
500 g	passierte Tomaten
1 TL	Salz
etwas	Pfeffer, frisch gem.
½ TL	Chiliflocken, getr.

Für die Bechamelsauce

40 g	Butter
40 g	Mehl
400 g	Milch, 3,5%
100 g	Gemüsebrühe, flüssig
1 Prise	Pfeffer, frisch gem.
½ TL	Salz
1 Prise	Muskat
250 g	Lasagneblätter

Zubereitung

1 Bergkäse im Mixtopf **10 Sek./Stufe 8** reiben. Umfüllen. Kürbis schälen und in ca. 1 cm große Würfel schneiden. Champignons putzen und je nach Größe vierteln oder sechsteln.

2 Zwiebeln, Knoblauch und Rosmarin im Mixtopf **5 Sek./Stufe 5** zerkleinern. Öl, Kürbis und Pilze zugeben und **10 Min./ /120°C/Stufe 1** dünsten. Restliche Zutaten zugeben und **10 Min./100°C/ /Stufe 1** aufkochen. Umfüllen und beiseitestellen. Backofen auf 200°C Ober-/Unterhitze vorheizen.

3 Für die Bechamelsauce Butter im Mixtopf **3 Min./100°C/Stufe 1** schmelzen. Mehl zugeben und **3 Min./100°C/Stufe 1** anschwitzen. Restliche Zutaten zugeben und **6 Min./90°C/Stufe 4** erhitzen. 70 g vom geriebenen Käse **10 Sek./Stufe 2** unterrühren.

4 Tomaten-Kürbis-Sauce, Bechamelsauce und Lasagneblätter abwechselnd in eine Auflaufform in zwei Stapel schichten. Mit dem restlichen Käse bestreuen und im vorgeheizten Backofen 30-35 Min. backen.

MAKKARONIAUFLAUF
mit Schinken & Béchamelsauce

6 Port.

Pro Portion: 619 kcal | 70 g KH | 29 g EW | 26 g Fett

FÜR 6 PORTIONEN

500 g	lange Makkaroni
150 g	Gouda, in Stücken
25 g	Butter
40 g	Mehl
350 g	Milch, 1,5%
½-1 TL	Salz
1 Prise	Muskat, gem.
200 g	Schmelzkäse
200 g	Kochschinken
1 EL	Butter zum Einfetten der Form
4-5 EL	Schnittlauchröllchen

ZUBEREITUNG

1 Makkaroni in reichlich Salzwasser nach Packungsanweisung kochen.

2 Gouda in den Mixtopf geben und **15 Sek./Stufe 7** zerkleinern. Umfüllen. Mixtopf spülen.

3 Butter in den Mixtopf geben und **1 Min./100°C/Stufe 1** schmelzen. Mehl am Messer vorbei dazugeben und **1 Min./100°C/Stufe 1** anschwitzen. Milch, Salz und Muskat zugeben und **4 Sek./Stufe 5** vermischen. Nun **6 Min./100°C/Stufe 2** aufkochen. Schmelzkäse dazu geben und noch einmal **3 Min./100°C/Stufe 2** vermengen und erhitzen.

4 Backofen auf 200°C Ober-/Unterhitze vorheizen. Kochschinken in Würfel schneiden. Eckige Auflaufform, die in etwa die Länge der Makkaroni hat, mit der Butter einfetten.

5 Nun die Makkaroni mit dem Kochschinken und Sauce schichten. Abschließend mit Käse bestreuen und 20-25 Min. im Ofen überbacken. Mit dem Schnittlauch bestreut servieren.

TIPP

Wer eine knusprige Käsekruste bevorzugt, heizt den Ofen auf 220°C Ober-/Unterhitze vor.

Cabanossi-Auflauf mit Makkaroni

6 Port.

Pro Portion: 628 kcal | 41 g KH | 28 g EW | 38 g Fett

FÜR 6 PORTIONEN

250 g	kurze Makkaroni
270 g	Brokkoliröschen
200 g	Cabanossi
1	rote Paprika (ca. 160 g)
1 Dose	Mais (Abtr.gew. 140 g)
125 g	Bergkäse, in Stücken

FÜR DIE SAUCE

40 g	Zwiebel, in Stücken
2	Knoblauchzehen
1	rote Peperoni, entkernt
20 g	Rapsöl
4	Eier (Gr. M)
250 g	Milch, 3,5 %
200 g	Crème fraîche
1 TL	Salz
etwas	Pfeffer, gem.
1 ½ TL	Paprikapulver, edelsüß
20 g	Ajvar, scharf

ZUBEREITUNG

1 Backofen auf 200 °C Ober-/Unterhitze vorheizen. Makkaroni in reichlich Salzwasser bissfest garen. 3 Min. vor Ende der Garzeit die Brokkoliröschen zugeben. Anschließend das Wasser abgießen und die Nudeln mit dem Brokkoli in eine Auflaufform füllen.

2 In der Zwischenzeit die Cabanossi in Scheiben und die Paprika in mundgerechte Stücke schneiden. Den Mais abtropfen lassen. Alles zu den Nudeln in die Auflaufform geben und vermengen.

3 Käse im Mixtopf **10 Sek./Stufe 8** reiben. Umfüllen.

4 Für die Soße Zwiebel, Knoblauch und Peperoni im Mixtopf **5 Sek./Stufe 5** zerkleinern. Mit dem Spatel nach unten schieben. Öl zugeben und **2 Min./120°C/Stufe 1** dünsten. Restliche Zutaten für die Sauce sowie 30 g vom geriebenen Käse zugeben und **20 Sek./Stufe 4** vermengen. Über den Auflauf gießen und mit dem restlichen Käse bestreuen. Ca. 30 Min. im vorgeheizten Ofen backen.

TIPP

Wer es etwas pikanter mag, kann statt Cabanossi auch Chorizo nehmen.

MUSCHELNUDELN
mit Auberginen-Füllung

4 PORT.

Pro Portion: 571 kcal | 56 g KH | 22 g EW | 28 g Fett

FÜR 4 PORTIONEN

250 g	große Muschelnudeln
500 g	Auberginen (ca. 2 mittelgr.)
100 g	Cheddar, in Stücken
1 Dose	stückige Tomaten, (400 g)

FÜR DIE CREME

1	Zwiebel, halbiert
2	Knoblauchzehen
1	rote Peperoni, entkernt
15 g	Pinienkerne
200 g	Crème fraîche
1	Ei (Gr. M)
1 TL	Salz
etwas	Pfeffer, gem.

TIPP

Schmeckt auch mit Zucchini sehr gut.

ZUBEREITUNG

1 Nudeln nach Packungsanweisung in reichlich Salzwasser bissfest garen. Abgießen und abtropfen lassen und in die Auflaufform setzen.

2 Auberginen waschen und in kleine Würfel (ca. 1 cm x 1 cm) schneiden. Mit etwas Salz würzen und ca. 10 Min. ziehen lassen. Danach auf einem Küchenkrepp abtupfen und in einer Pfanne mit etwas Öl bei mittlerer Hitze braten.

3 In der Zwischenzeit den Cheddar im Mixtopf **8 Sek./Stufe 8** reiben. Umfüllen.

4 Für die Creme Zwiebel, Knoblauch, Peperoni und Pinienkerne im Mixtopf **5 Sek./Stufe 6** zerkleinern. Restliche Zutaten zugeben und **10 Sek./Stufe 3** vermengen. Mixtopf nicht spülen!

5 Backofen auf 200°C Ober-/Unterhitze vorheizen. Jede Muschelnudel mit 2 TL Auberginen und 1 EL der Creme befüllen.

6 Tomaten in den Mixtopf geben und **20 Sek./Stufe 7** mixen. Über die Nudeln in der Auflaufform gießen, mit Käse bestreuen und 25 Min. überbacken.

FÜR 4 PORTIONEN

80 g	Parmesan, in Stücken
230-250 g	Garofalo (gr. Hörnchennudeln)

FÜR DIE FÜLLUNG

1	Bio-Zitrone, Saft und Schalenabrieb davon
500 g	Ricotta
2	Eier (Gr. M)
1 TL	Salz
etwas	Pfeffer, gem.

FÜR DIE SAUCE

3	Knoblauchzehen
1 Handvoll	Basilikumblätter
20 g	Rapsöl
2 Dosen	stückige Tomaten (800 g)
1 EL	Zitronensaft

ZUBEREITUNG

1 Parmesan im Mixtopf **10 Sek./Stufe 8** reiben. Umfüllen.

2 Nudeln nach Packungsanweisung in reichlich Salzwasser bissfest garen. Für die Füllung Schale von der Zitrone abreiben und den Saft auspressen. Zusammen mit den restlichen Zutaten für die Füllung sowie 20 g vom geriebenen Parmesan in den Mixtopf geben und **10 Sek./Stufe 4** mixen. Umfüllen. Mixtopf spülen und gut abtrocknen.

3 Für die Sauce Knoblauch und Basilikum **5 Sek./Stufe 5** zerkleinern. Öl zugeben und **2 Min./120°C/Stufe 1** dünsten. Restliche Zutaten für die Sauce zugeben und **6 Min./100°C/Stufe 1** aufkochen.

4 In der Zwischenzeit den Backofen auf 200°C Ober-/Unterhitze vorheizen. Die Nudeln mit der Ricottamasse füllen und in die Auflaufform setzen. Mit der Tomatensauce übergießen und mit dem restlichen Parmesan bestreuen. Im vorgeheizten Backofen ca. 25 Min. überbacken.

TIPP
Statt Garofalo können Sie auch Muschelnudeln verwenden. Füllen Sie die Nudeln mithilfe eines Spritzbeutels.

TORTELLINIAUFLAUF
mit Blauschimmelkäse

4 PORT.

Pro Portion: 633 kcal | 44 g KH | 27 g EW | 38 g Fett

FÜR 4 PORTIONEN

80 g	Gouda, in Stücken
1.200 g	Wasser, lauwarm
1 TL	Salz
300 g	Brokkoli
100 g	Karotten, in Scheiben geschnitten
400 g	Tortellini mit Käsefüllung (Kühlregal)

FÜR DIE SAUCE

350 g	Milch, 1,5%
150 g	Sahne
150 g	Blauschimmelkäse
2 EL	Speisestärke (15-20 g)
½ TL	Salz
2 EL	Schnittlauchröllchen
ggf. 50 g Garflüssigkeit	

ZUBEREITUNG

1 Gouda in den Mixtopf geben und **15 Sek./Stufe 5** zerkleinern. Umfüllen. Mixtopf spülen.

2 Wasser und das Salz in den Mixtopf geben. Brokkoli waschen und in kleine Röschen schneiden, zusammen mit Karottenscheiben in den Gareinsatz geben. Gareinsatz in den Mixtopf einsetzen und das Gemüse **12 Min./Varoma/Stufe 1** vorgaren.

3 Backofen auf 200°C Ober-/Unterhitze vorheizen. Tortellini in einer Auflaufform verteilen. Das gegarte Gemüse darüber geben. Garflüssigkeit zur Seite stellen.

4 Für die Sauce Milch, Sahne, Blauschimmelkäse, Speisestärke und Salz in den Mixtopf geben und **5 Sek./Stufe 5** vermengen. **11 Min./100°C/Stufe 1** aufkochen. Schnittlauchröllchen zugeben und **10 Sek./Stufe 5** pürieren. *(Sollte die Sauce zu dick sein, ca. 50 g Garflüssigkeit dazugeben und weitere 5 Sek./Stufe 5 vermengen.)*

5 Sauce über die Tortellini und das Gemüse geben, Käse darüber verteilen und 25-30 Min. im Backofen garen und überbacken.

TIPP

Wer eine knusprige Käsekruste bevorzugt, heizt den Ofen auf 220°C Ober-/Unterhitze vor.

Wenn Sie getrocknete Tortellini verwenden möchten, bitte vorkochen.

4 PORT.

SPIRELLI
mit Jägerbolognese

Pro Portion: 758 kcal | 60 g KH | 42 g EW | 38 g Fett

Für 4 Portionen

400 g	Champignons
300 g	Spirellinudeln
150 g	Gouda

Für die Sauce

1	Zwiebel, halbiert (70 g)
1 EL	Öl
400 g	Hackfleisch, gemischt
3 EL	Petersilie, gehackt
1½ TL	Gemüsebrühpulver
½ TL	Paprikapulver, edelsüß
1 TL	Zucker
20 g	Tomatenmark
1½-2 TL	Salz
1 TL	Senf, mittelscharf
450 g	Wasser, lauwarm
100 g	Sahne
etwas	Pfeffer, gem.

Zubereitung

1 Backofen auf 200°C Ober-/Unterhitze vorheizen. Die Stiele der Champignons etwas kürzen und putzen. Nun die Champignons in Scheiben schneiden und auf ein mit Backpapier ausgelegtem Backblech verteilen. Im Backofen 20-25 Min. garen.

2 Ungekochte Spirelli in eine Auflaufform geben. Gouda in Stücken im Mixtopf **15 Sek./Stufe 7** zerkleinern und umfüllen. Mixtopf spülen.

3 Zwiebel im Mixtopf **5 Sek./Stufe 5** zerkleinern. Mit dem Spatel vom Mixtopfrand nach unten schieben. Öl zugeben und **2 Min./120°C/Stufe 1** dünsten. Nun das Hackfleisch in Stücken dazugeben und **3 Min./100°C/ /Sanftrührstufe** garen.

4 Restliche Zutaten für die Sauce dazugeben, mit dem Spatel unterheben und **7 Min./100°C/ /Stufe 1** erhitzen. Die gegarten Champignons aus dem Ofen dazugeben und unterheben. Ggf. noch einmal mit Salz und Pfeffer abschmecken.

5 Sauce über die Spirelli geben und vorsichtig glatt streichen. Spirelli sollten mit dem Hackfleisch bedeckt sein, damit sie genug Flüssigkeit zum Garen bekommen. Käse darüber verteilen und im vorgeheizten Backofen ca. 30 Min. backen.

Mit frischer Petersilie bestreut servieren.

6 PORT.

Klassische LASAGNE

Pro Portion: 644 kcal | 47 g KH | 36 g EW | 35 g Fett

FÜR 6 PORTIONEN

100 g	Gouda, in Stücken
30 g	Parmesan, in Stücken
12	Lasagneblätter

FÜR DIE HACKFLEISCHSAUCE

70 g	Karotte, in Stücken
70 g	Knollensellerie, in Stücken
60 g	Zwiebel, halbiert
3	Knoblauchzehen
30 g	Olivenöl
600 g	Hackfleisch, gemischt
60 g	Tomatenmark
1 Dose	stückige Tomaten (400 g)
100 g	passierte Tomaten
50 g	Wasser
1½-2 TL	Salz
3 TL	Oregano, getr.
1 TL	Zucker

FÜR DIE BECHAMELSAUCE

40 g	Butter
70 g	Mehl
550 g	Milch, 1,5%
1 TL	Salz
1 Prise	Muskatnuss, gem.

ZUBEREITUNG

1 Gouda und Parmesan in Stücken im Mixtopf **15 Sek./Stufe 7** zerkleinern. Umfüllen. Mixtopf spülen.

2 Karotte, Sellerie, Zwiebel und Knoblauch **5 Sek./Stufe 5** zerkleinern. Mit dem Spatel vom Mixtopfrand Richtung Topfboden schieben. Olivenöl und Hackfleisch (zerzupft) dazugeben und **4 Min./100°C/ /Sanftrührstufe** braten. Ggf. mit dem Spatel durch die Deckelöffnung nachhelfen.

3 Restliche Zutaten für die Sauce hinzufügen, mit dem Spatel gut vermengen und **15 Min./100°C/ /Sanftrührstufe** köcheln lassen. Umfüllen. Mixtopf spülen. Backofen auf 200°C Ober-/Unterhitze vorheizen.

4 Für die Bechamelsauce die Butter im Mixtopf **2 Min./100°C/Stufe 1** schmelzen. Mehl zugeben und **1 Min./100°C/Stufe 1** anschwitzen. Ggf. die Butter-Mehlmischung mit einem Löffel vom Mixtopfboden lösen. Mit Milch, Salz und Muskat **6 Sek./Stufe 5** vermischen. Nun **7 Min./100°C/Stufe 2** aufkochen.

5 Den Boden der Auflaufform mit der Bechamelsauce bedecken. Dann Lasagneplatten, Hackfleischsauce und Bechamelsauce schichten und mit der Bechamelsauce abschließen. Abschließend Käse darüber verteilen und 35-40 Min. im Backofen backen.

RIGATONI *al Forno*

6 PORT.

Pro Portion: 685 kcal | 67 g KH | 36 g EW | 29 g Fett

FÜR 6 PORTIONEN

500 g	Rigatoni
200 g	Gouda, in Stücken
20 g	Parmesan
150 g	Erbsen, TK

FÜR DIE SAUCE

40 g	Zwiebel, halbiert
1 EL	Olivenöl
200 g	Kochschinken, gewürfelt
200 g	Rinderhackfleisch
200 g	Sahne
150 g	passierte Tomaten
100 g	Gemüsebrühe, flüssig
50 g	Tomatenmark
1½ TL	Salz
1 Prise	Pfeffer, gem.
1½ TL	Oregano, gerebelt

ZUBEREITUNG

1 Rigatoni in reichlich Salzwasser nach Packungsanweisung bissfest garen. Abschrecken, abtropfen lassen und in eine Auflaufform geben.

2 Gouda und Parmesan in den Mixtopf geben und **15 Sek./Stufe 7** zerkleinern. Umfüllen. Mixtopf säubern.

3 Für die Sauce Zwiebel im Mixtopf **5 Sek./Stufe 5** zerkleinern. Mit dem Spatel vom Mixtopfrand nach unten schieben. Olivenöl zugeben und **1:30 Min./120°C/Stufe 1** dünsten. Schinkenwürfel und Hackfleisch dazugeben und **3 Min./100°C/ /Sanftrührstufe** garen.

4 Backofen auf 220°C Ober-/Unterhitze vorheizen. Restliche Zutaten für die Sauce zugeben und erst mit dem Spatel etwas vermengen. Dann **10 Min./100°C/ /Sanftrührstufe** aufkochen. Ggf. noch einmal mit Salz und Oregano abschmecken.

5 Sauce und Erbsen zu den Nudeln in die Auflaufform geben und vermengen. Mit Käse bestreuen und im vorgeheizten Backofen 15-20 Min. überbacken.

Mediterraner Garnelen-Auflauf

4 Port.

Pro Portion: 685 kcal | 86 g KH | 34 g EW | 21 g Fett

FÜR 4 PORTIONEN

400 g	Gemelli
400 g	Zucchini
250 g	Garnelen, küchenfertig
250 g	Mozzarella

FÜR DIE SAUCE

1	Zwiebel, halbiert
2	Knoblauchzehen
1	rote Peperoni, entkernt
2 Stangen	Staudensellerie, in Stücken
20 g	Olivenöl
2 Dosen	stückige Tomaten (800 g)
2 EL	Kräuter der Provence, getr.
1 TL	Salz
etwas	Pfeffer, gem.
1 TL	Gemüsebrühpulver
20 g	Tomatenmark

ZUBEREITUNG

1 Nudeln nach Packungsanweisung in reichlich Salzwasser garen. Abgießen und abtropfen lassen.

2 Zucchini klein würfeln, 100 g davon beiseitestellen. Den Rest mit den Nudeln und den Garnelen in die Auflaufform geben. Backofen auf 200°C Ober-/Unterhitze vorheizen.

3 Mozzarella im Mixtopf **3 Sek./Stufe 5** zerkleinern. Umfüllen.

4 Zwiebel, Knoblauch, Peperoni und Staudensellerie **5 Sek./Stufe 6** zerkleinern. Olivenöl zugeben und **2 Min./120°C/Stufe 1** dünsten.

5 Restliche Zutaten sowie Zucchini zugeben und **10 Min./100°C/Stufe 2** kochen. Über die Nudeln gießen, mit Mozzarella bestreuen und 25-30 Min. überbacken.

TIPP

Schmeckt auch mit Lachs sehr lecker.

FÜR 4 PORTIONEN

300 g	Tortiglioni
100 g	Bacon, in Scheiben
100 g	Bergkäse, in Stücken

FÜR DIE SAUCE

1	Zwiebel, halbiert
1	Knoblauchzehe
20 g	Olivenöl
300 g	Ziegenfrischkäse
300 g	Milch, 1,5%
1 TL	Salz
1 Prise	Pfeffer, gem.
200 g	frischer Babyspinat

ZUBEREITUNG

1. Tortiglioni nach Packungsanweisung kochen und abgießen. In eine Auflaufform geben.

2. Bacon in Streifen schneiden und fettfrei in einer Pfanne anbraten. Anschließend über den Nudeln verteilen.

3. Bergkäse in den Mixtopf geben und **15 Sek./Stufe 7** zerkleinern. Umfüllen. Mixtopf spülen. Backofen auf 220°C Ober-/Unterhitze vorheizen.

4. Zwiebel und Knoblauch in den Mixtopf geben und **5 Sek./Stufe 5** zerkleinern. Mit dem Spatel vom Mixtopfrand nach unten schieben. Öl zugeben und **2 Min./120°C/Stufe 1** dünsten.

5. Restliche Zutaten für die Sauce (außer Spinat) zugeben und **5 Min./100°C/Stufe 2** aufkochen. Gewaschenen Spinat dazugeben und **2 Min./100°C/ /Stufe 1** unterheben und erwärmen. Ggf. noch einmal mit Salz und Pfeffer abschmecken.

6. Spinatsauce über den Nudeln und dem Bacon verteilen und unterheben. Mit dem Käse bestreuen und 15-20 Min. im Backofen überbacken.

GNOCCHIAUFLAUF
al Tonno

4 Port.

Pro Portion: 587 kcal | 54 g KH | 38 g EW | 24 g Fett

FÜR 4 PORTIONEN

500 g	Gnocchi (Kühltheke)
2	reife Tomaten
100 g	Gouda, in Stücken
100 g	Schmand
1 EL	Sahne (o. Milch)
½ TL	Salz

FÜR DIE SAUCE

60 g	Zwiebel, halbiert
2	Knoblauchzehen
1 EL	Öl
1 Dose	stückige Tomaten, (400 g)
30 g	Tomatenmark
50 g	Wasser
80 g	Schmelzkäse
1 EL	Basilikum, getr.
1 TL	Gemüsebrühpulver
½-1 TL	Salz
etwas	Pfeffer, gem.
2 kl. Dosen	Thunfisch, im eigenen Saft, abgetropft (je 140 g Abtropfgewicht)

TIPP

Wer eine knusprige Käsekruste bevorzugt, heizt den Ofen auf 220°C Ober-/Unterhitze vor.

ZUBEREITUNG

1. Backofen auf 200°C Ober-/Unterhitze vorheizen.

2. Gnocchi in eine Auflaufform geben und gut verteilen. Tomaten waschen, würfeln und zu den Gnocchi geben.

3. Gouda in den Mixtopf geben und **15 Sek./Stufe 7** zerkleinern. Umfüllen. Mixtopf spülen.

4. Für die Sauce Zwiebel und Knoblauch **5 Sek./Stufe 5** zerkleinern. Mit dem Spatel vom Mixtopfrand nach unten schieben. Öl zugeben und **2 Min./100°C/Stufe 1** andünsten.

5. Restliche Zutaten für die Sauce (außer Thunfisch) in den Mixtopf zugeben und **6 Min./100°C/Stufe 1** aufkochen. Thunfisch dazugeben und **1 Min./100°C/ /Sanftrührstufe** unterrühren und erwärmen. Ggf. noch einmal mit Salz und Pfeffer abschmecken.

6. Thunfischsauce über die Gnocchi geben und vermengen. Schmand mit Sahne/Milch und ½ TL Salz vermischen und über den Auflauf träufeln. Mit Käse bestreuen und 20-25 Min. im Backofen überbacken.

Sie können die Gnocchi auch selbstmachen siehe Seite 7!

FÜR 4 PORTIONEN

2	Knoblauchzehen
1 Stück	Ingwer (walnussgroß)
½	rote Peperoni
2 EL	Kokosöl
20 g	rote Currypaste
600 g	Hühnerbrühe, flüssig
400 g	Kokosmilch
1 TL	Limettensaft
200 g	Hähnchenbrustfilet
90 g	Champignons
100 g	Capellini (von Barilla)

Zum Garnieren:

etwas	Chiliflocken, gem.
etwas	Koriander, gehackt

ZUBEREITUNG

1 Knoblauch, Ingwer und Peperoni **3 Sek./Stufe 8** zerkleinern. Öl zugegeben und **2 Min./120°C/Stufe 1** dünsten.

2 Currypaste, Hühnerbrühe, Kokosmilch und Limettensaft zugeben, **6 Min./100°C/Stufe 1** erhitzen. In der Zwischenzeit das Hähnchenbrustfilet in Würfel schneiden und in den Gareinsatz geben. Gareinsatz einsetzen und **15 Min./100°C/Stufe 1** garen. Pilze putzen und in Scheiben schneiden.

3 Nach Ablauf der Garzeit den Gareinsatz rausnehmen, Capellini der Länge nach in 3 Stücke brechen und in den Mixtopf geben. Gareinsatz wieder einsetzen, Pilze einwiegen und **5 Min./100°C/Stufe 1** garen.

4 Fertige Suppe anrichten und mit etwas gem. Chiliflocken und Koriander garnieren.

TOMATENSUPPE
mit Tortellini & Basilikumsahne

4 PORT.

Pro Portion: 644 kcal | 76 g KH | 22 g EW | 27 g Fett

FÜR 4 PORTIONEN

1 Handvoll	Basilikumblätter
100 g	Sahne
3	Knoblauchzehen
2 EL	Olivenöl
2 Dosen	geschälte Tomaten (à 400 g)
2 TL	Basilikum, gerebelt
1 TL	Oregano, gerebelt
1 TL	Zucker
2 TL	Salz
2 TL	Gemüsebrühpulver
30 g	Tomatenmark
500 g	Wasser, lauwarm
400 g	Tortellini (z.B. Tomate-Mozzarella-Füllung)
125 g	kl. Mozzarellakugeln

ZUBEREITUNG

1 Basilikumblätter und Sahne im Mixtopf **20 Sek./Stufe 6** mixen. Umfüllen. Mixtopf spülen.

2 Knoblauch im Mixtopf **5 Sek./Stufe 5** zerkleinern. Mit dem Spatel vom Mixtopfrand nach unten schieben. Öl zugeben und **1 Min./100°C/Stufe 1** dünsten.

3 Tomaten, Basilikum, Oregano, Zucker, Salz, Gemüsebrühpulver und Tomatenmark dazugeben und **10 Sek./Stufe 7** pürieren. Wasser zugeben und **9-10 Min./90°C/Stufe 2** aufkochen.

4 Tortellini zur Suppe zugeben und **8 Min./100°C/ /Sanftrührstufe** garen. Fertige Suppe mit Mozzarellakugeln und Basilikumsahne anrichten.

GEMÜSE-NUDELTOPF
mit Wiener

4 PORT.

Pro Portion: 194 kcal | 15 g KH | 6 g EW | 12 g Fett

FÜR 4 PORTIONEN

- 1 Knoblauchzehe
- 1 kl. Zwiebel, halbiert (40 g)
- 1 Handvoll frische Kräuter (Basilikum, Rosmarin, Oregano)
- 20 g Olivenöl
- 100 g Pastinake
- 130 g Kohlrabi
- 100 g Karotte
- 1000 g Wasser
- 3 TL Gemüsebrühpulver
- etwas Pfeffer, frisch gem.
- ½ TL Kräuter der Provence, getr.
- 75 g Mininudeln (z.B. kl. Muschelnudeln, Kochzeit 9 Min.)
- 100 g Wiener Würstchen

ZUBEREITUNG

1 Knoblauch, Zwiebel und gemischte Kräuter in den Mixtopf geben und **5 Sek./Stufe 5** zerkleinern. Öl zugeben und **2 Min./120°C/Stufe 1** dünsten. Pastinake, Kohlrabi und Karotten in kleine Würfel schneiden und zugeben, **4 Min./120°C/ /Sanftrührstufe** dünsten.

2 Wasser, Gemüsebrühpulver, Pfeffer und Kräuter der Provence zugeben und **11 Min./100°C/ /Sanftrührstufe** erhitzen.

3 Nudeln in den Mixtopf zugeben und **8 Min./100°C/ /Sanftrührstufe** garen. Die Würstchen in Scheiben schneiden.

4 Nach Ablauf der Garzeit die Würstchen zugeben und **2 Min./100°C/ /Sanftrührstufe** erhitzen.

IMPRESSUM

© C. T. Wild Verlag & Handel GmbH
Saueracker 7, D-93309 Kelheim
Tel. 09441 703772-0
Email: info@mixgenuss.de
www.mixgenuss.de

2. Auflage - November 2017
ISBN-Nr.: 978-3-96181-004-8

Autoren: Stefanie Kruse & Cornelia Sieder
Gestaltung & Layout: Eva Gruber

Rezeptfotos: © Stefanie Kruse, © Cornelia Sieder
Fotos von fotolia.com: © iko, © Denys Prykhodov,
© davooda, © baksiabat, © mpfphotography,
© colors0613, © Jiri Hera, © neuevector,
© Perfect Vectors

Druck & Bindung:
bonitasprint GmbH, 92224 Amberg

klimaneutral
natureOffice.com | DE-204-678354
gedruckt

Alle Rechte vorbehalten. Die vollständige oder auszugsweise Speicherung, Vervielfältigung oder Übertragung dieses Werkes, ob elektronisch oder mechanisch, durch Fotokopie oder Aufzeichnungen, ist ohne vorherige Genehmigung des Rechtsinhabers urheberrechtlich untersagt. Dies gilt auch für das Einstellen unserer Rezepte in diversen Internetforen-/plattformen!
Verwendete Markennamen sind rechtlich geschützt und werden nur verwendet, soweit sie Bestandteile der Rezepte und Anleitungen sind. Alle Rezepte wurden von uns sorgfältig geprüft. Trotzdem können wir keine Gewähr für die Vollständigkeit und Korrektheit der zur Verfügung gestellten Informationen übernehmen. Aus diesem Grunde ist die Haftung für Schäden, die durch die Nutzung oder Nichtnutzung der dargebotenen Informationen entstehen, ausgeschlossen, soweit diese nicht auf Vorsatz oder grober Fahrlässigkeit unsererseits beruhen.

WEITERE BÜCHER VON MIXGENUSS

Auch interessant:

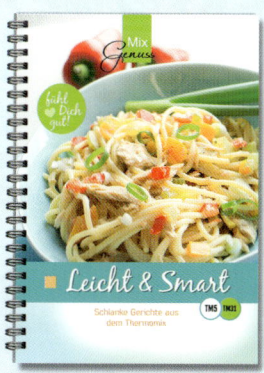

Weitere MixGenuss Bücher, Rezepthefte und Kalender
für den Thermomix finden Sie in unserem Onlineshop
www.mixgenuss.de

– PLATZ FÜR EIGENE EINTRAGUNGEN –